U0116369

蓝狮子·大师思想 ❸

德必配位

读懂《资治通鉴》里的领导力

姜鹏 著

红旗出版社

图书在版编目（CIP）数据

德必配位：读懂《资治通鉴》里的领导力 / 姜鹏著
. -- 北京：红旗出版社，2024.5
ISBN 978-7-5051-5399-8

Ⅰ . ①德… Ⅱ . ①姜… Ⅲ . ①《资治通鉴》—研究
Ⅳ . ① K204.3

中国国家版本馆 CIP 数据核字（2024）第 026175 号

书　　名	德必配位：读懂《资治通鉴》里的领导力
著　　者	姜　鹏

责任编辑	吴琴峰	责任印务	金　硕
责任校对	杨　迪	装帧设计	叶怡涵
出版发行	红旗出版社		
地　　址	北京市沙滩北街2号	邮政编码	100727
	杭州市体育场路178号	邮政编码	310039
编辑部	0571-85310467	发行部	0571-85311330
E － mail	359489398@qq.com		
法律顾问	北京盈科(杭州)律师事务所	钱　航　董　晓	
图文排版	浙江新华图文制作有限公司		
印　　刷	杭州钱江彩色印务有限公司		
开　　本	880 毫米 ×1230 毫米	1/32	
字　　数	138 千字	印　张	7.25
版　　次	2024 年 5 月第 1 版	印　次	2024 年 5 月第 1 次印刷
ISBN 978-7-5051-5399-8		定　价	59.00 元

成功的帝王：做长远计划

《资治通鉴》的读者定位

中国传统史学的发达，堪称世界之最。流传到今天的史学典籍一共有多少？是几万种、十几万种，还是几十万种？恐怕没有一个学者能作出精确的统计。在海量的文献中，影响最大的史籍有两部：《史记》和《资治通鉴》。一般学者都会赞同这个观点。但我个人认为，《资治通鉴》的影响力应该比《史记》更大。为什么？因为《史记》的影响力主要局限在史学领域，而《资治通鉴》的影响力已经超越了史学领域。

何以见得？

著名学者梁启超在畅谈中国古代历史研究时，曾讲过这么一番话："写作一部书，首先必须考虑清楚的问题是，这部书是写给谁看的。根据这一点再去思考该如何选择题材，如何针对读者设计框架、编写内容，这是著作成功的前提。"梁启超所举的成功典范就是《资治通鉴》，而《资治通鉴》预设的读者群体非常特殊。

梁启超说："例如《资治通鉴》，其著书本意，专以供帝王之读。故凡帝王应有之史的智识无不备，非彼所需，则从摈阙。此诚绝好之'皇帝教科书'。而亦士大夫之怀才竭忠以事其上者所宜必读也。"

梁启超的这段评论非常到位。《资治通鉴》由北宋时期的著名政治家、大学者司马光"领衔"主编，司马光在编写之前就已经预设好了，这部书是写给皇帝看的。所以此书的选材必然围绕着皇帝应该具备哪些基本素质、国家大政应该注意哪些方面这些问题展开。

《资治通鉴》如何谈皇帝的基本素质？可以通过一个例子来说明。刘备是大家所熟悉的三国时代的历史人物，《资治通鉴》在介绍刘备时说，这个人"有大志，少语言，喜怒不形于色"。刘备胸有大志，但平时话不多，喜怒也不会表现在脸色上，说明他城府很深。这句话说明刘备具备一名创业型政治领袖的基本素质，首先有远大志向，其次性格稳重、深沉。《资治通鉴》介绍刘备的依据来自最权威的三国历史著作《三国志》。但若是仔细对比《三国志》和《资治通鉴》，会发现两者之间还是有很大差别的。《三国志》里对刘备个性的介绍是这么说的："先主不甚乐读书，喜狗马、音乐、美衣服……少语言，善下人，喜怒不形于色。"这里的先主指的就是刘备，通过对比可以发现，《资治通鉴》对刘备的介绍截取了《三国志》的后半句，即"少语言，喜怒不形于色"，并且加上了"有大志"这一点。《三国志》中介绍了刘备性格中的另外一面——"不甚乐读书，喜狗马、音乐、美衣服"，这句话被《资治通鉴》删除了。

司马光为什么这么处理？历史上的成功人物性格各异，既有常人所不及的优点，同时也都有些瑕疵或缺点。刘备有出色的个人能力，即便爱好声色犬马，不喜欢读书，最后也取得了很可观的成绩。但司马光编《资治通鉴》不是单纯地复述历史，而是要把历史作为兴衰成败的借鉴，供后来的皇帝参考。有很多年轻皇帝，继承了祖辈的事业，却不知创业艰难。斗鸡遛狗，骄奢淫逸，玩乐的事不用教，天生就会。他们缺乏的正是胸怀大志、沉稳处事这些对于皇帝来说更为重要的素质。所以司马光认为，刘备这个人物值得突出的是"有大志，少语言，喜怒不形于色"这一点，而不是喜爱声色犬马。这正体现了《资治通鉴》最重要的预设读者群——皇帝，司马光编写、处理历史最重要的依据就是，皇帝应该从历史中学到什么。

关于刘备的介绍只是一个很小的侧面案例，《资治通鉴》中有很多更为重要、深入的政治参考意见。因为有帮助皇帝提高治理国家能力的特殊目的，《资治通鉴》的取材非常讲究，并不是所有历史主题都会出现在这部书里。用司马光自己的话来说，"专取关国家盛衰，系生民休戚，善可为法，恶可为戒者"。司马光只选择那些关乎国家兴衰成败、老百姓幸福指数的重大历史事件予以记录，其中有值得后世借鉴的善政，也有可以起到警示作用的恶政。

《资治通鉴》这一书名，是由司马光编书时在位的皇帝宋神宗起的。宋神宗说，要"鉴于往事，有资于治道"。"治道"就是治理国家的方法。借鉴以往的历史经验，帮助当前的人寻找治理国家的方法，《资治通鉴》的目的正是落在这里。从这个目的出发，《资治通鉴》在总结中国传统政治智慧方面，可以说是所有历史典籍中最全面，也是最成功的，所以它能成为后世帝王了解中国传统政治法则、提高治理能力的首选教科书。这也是它的影响力远远超出史学领域，在政治领域同样具有深远的影响力的原因。

《资治通鉴》记载了从春秋战国之际直到北宋建立之前一千四百年左右的历史，其中牵涉很多重要的政治人物和政治事件。各种人物和政权的成功与失败，在这幅历史长卷中一一展现，堪称丰富的政治经验资料库。如何归纳中国历史上的政治智慧，如何利用这个资料库，角度有很多。既然在中国传统政治中，皇帝是最重要的角色，《资治通鉴》又是名副其实的"皇帝教科书"，那么解读《资治通鉴》，也可以从分析皇帝开始。

从秦始皇统一中国起，直到宋代建立之前，出现过二百五十多名皇帝或重要的割据政权领袖，如果再算上战国时代的重要诸侯，还不止这个数。我们可以把历史上的皇帝分为两种基本类型：开创了某一个王朝的开国型君主；通过血缘关系继承父祖皇位的继承型君主。在这两种基本类型下面，还可以再细分。比如开国型君主，在完成创业之后，他的主要职责必然转向国家治理和社会建设。在这个过程中，有转型成功的，也有转型失败的。针对不同的成败案例，《资治通鉴》都会采取独特的视角予以述评，在这里我可以各举一例加以说明。

转型成功的帝王代表

先说转型成功的开国型君主，东汉光武帝刘秀是典型代表。《资治通鉴》从第三十八卷开始记载刘秀的事迹。自这一年起，刘秀召集兵马，打出旗帜反对当时称帝的王莽，从此开始了创业进程。其间，刘秀有很多可圈可点的表现，最脍炙人口的当属昆阳大战。这场战役中，刘秀以八千非正规军，击破王莽派来围剿的十万大军，成为中国战争史上以少胜多的著名案例。在消灭王莽、平定割据、建立东汉的过程中，刘秀在用人、谋略，以及他自身的为人方面，都有值得称道的地方。如果写一本常规的刘秀传记，一定会突出他的这段经历。但《资治通鉴》对刘秀的关注重点却不在这里。

《资治通鉴》的关注点在哪里呢？公元 25 年的夏天，刘秀称帝。秋天，刘秀求访到一位名叫卓茂的长者。卓茂早年曾担任过县令一类级别不高的官职，但这个人有一项独特的优点：为人朴实忠厚，待人宽厚仁爱，做事从不和人争抢，口中也从无恶言恶语。他每到一个地方任职，都以这套行为方式来感化民众。古人有云："以诚感人者，人亦诚而应。"当地百姓看到父母官是如此赤诚的一个人，都不好意思在他面前撒谎。所以卓茂任职过的地方，社会风气都很好。

刘秀听说之后，就找到他，任命他为太傅，并且封他为"褒德侯"。太傅是当时官僚的最高荣誉头衔，属于"上公"，只有德望非常高的人才能担任。

我来分析一下卓茂这个人物。卓茂虽然有值得人们敬重的品格，但从影响力来说，并不算一个声名显赫的人，因为他早年只是县令一类的低级别官员。他的直接影响力只能覆盖到和他有所接触，或了解过他的人，间接影响力可以扩散至他曾经管理过的地方。无论卓茂个人品行如何高尚，治理地方有何等成绩，与刘秀消灭王莽、建立东汉比起来，只能算小人物、小事件。比他重要的人物、事件多的是。况且刘秀登基的时候，卓茂已年逾七十，休养在家，更不是一个有很强历史作用的人。但刘秀一朝得知了卓茂的品行，马上给予他极高的礼遇。从中固然可以看出刘秀对于道德风化的重视，然而一般人看这段历史，不会把它视为刘秀最值得注意的作为。

显然司马光不是一般人。司马光不仅认为这是刘秀一生中最值得关注的重大事件，并且把它拔高到影响整个东汉王朝命运的高度。在讲述完刘秀任命卓茂之后，司马光有这样一段评论："光武即位之初，群雄竞逐，四海鼎沸，彼摧坚陷敌之人，权略诡辩之士，方见重于世，而独能取忠厚之臣，旌循良之吏，拔于草莱之中，置诸群公之首，宜其光复旧物，享祚久长，盖由知所先务而得其本原故也。"诚如司马光在评论中所说，刘秀刚登基的时候，天下并不太平，国家也还没有统一，仍然有不少对皇位虎视眈眈的割据势力存在。在这种形势下，见重于世的必然是那些敢于冲锋陷阵的猛将，和懂得机诈权谋的谋士。卓茂显然既不是猛将也不是谋士，他的忠厚在残酷的战争中体现不出价值。但战争总是要结束的，国家必然要慢慢走向稳定，需要治理。如果能看到这一点，就能看到卓茂的价值。卓茂的长处正是能用温和有效的方式把老百姓管理好。所以，即便战争仍然如火如荼，刘秀还是抽出时间寻访卓茂这样的忠厚长者，并对他高度表彰，为国家从战争状态向治理状态过渡未雨绸缪，这是刘秀的眼光。但一般人对刘秀提拔卓茂这件事并不是十分重视。把刘秀的见识和行为拔高到东汉之所以能长治久安的重要基础，这是司马光的眼光。司马光从这件事中看到，刘秀在战火纷飞的年代，就能认准进入和平建设年代之后最重要的是什么，并能提前做好准备。如果一个开国皇帝要成功转型，这是必备的素质。

请注意，对提拔卓茂这件事的评论，是刘秀出现在《资治通鉴》中以来，司马光第一次对他的行为作出正面评论。刘秀创业过程中的基本事迹，《资治通鉴》当然也详略得当地记载了，其间名将数十辈，大小百余战。但在这些普通人看来惊心动魄的历史事件，司马光不赞一词，等闲看过。司马光真正开始评论刘秀，试图从他身上找到一些值得后世皇帝学习的素质，恰恰是以提拔卓茂这件一般人认为不重要的事件作为切入点的。

转型失败的帝王代表

转型失败的开国型君主，则以梁武帝为例。梁武帝萧衍的前半生非常精彩，也非常成功。壮年时期的萧衍，有谋略、有胆识，有很强的政治领导能力，也有高超的军事指挥能力，无论政治见识还是军事才能，当时天下都罕有对手，所以他能建立梁朝，成为一代雄主。但他的晚年却非常凄惨，这样一位不可一世的大英雄，居然是被活活饿死的。这种死法，让人觉得和他早年的光辉形象很不匹配。梁武帝为什么会失败，可以分析出很多原因，但《资治通鉴》特别强调了一件事，值得我们注意。

545 年，这是梁武帝称帝之后的第四十四年。经过这些年的治理，国家取得了一些成绩，但也还存在不少问题。有一位叫贺琛的大臣向梁武帝指出，目前存在四种不利于国家治理的不良现象。

第一，朝廷的税收赋役已经使百姓负担沉重，地方官员和各种使者又在征收过程中贪暴聚敛，迫使百姓不能安居本土而流亡迁徙。

第二，官僚贵族的生活奢侈淫靡，并且竞相夸耀富豪，既造成了不良社会风气，也是促使官员贪残、热衷于横征暴敛的重要原因，因为他们需要大量财富支撑奢华的生活。贺琛这样形容当时官僚宴会的奢侈浪费："积果如丘陵，列肴同绮绣，露台之产，不周一燕之资，而宾主之间，裁取满腹，未及下堂，已同臭腐。"每次宴会，陈列大量昂贵的果食佳肴，价值甚至远远超过一户中产家庭的资产。但出席宴会的人也无非一人一个肚子，能吃多少？大量的食物浪费腐坏。除了吃之外，官僚贵族还要蓄养妓女役夫，开销更大。很多官员在位的时候，以横征暴敛为基础供养奢侈的生活，一旦离职，靠积蓄就维持不了多久。所以贺琛建议梁武帝倡导节俭，不仅在于纠正社会风气，更重要的是堵塞横征暴敛的源头。

第三，贺琛认为梁武帝启用了一批小人，这些人只知道吹毛求疵、舞文弄法，却不识治国的大体。更糟的是这些人往往仗着梁武帝对他们的信任，作威作福，追逐权势。

第四，朝廷的事情太多，比如修建官衙府邸，制造礼器、兵器等，无一不是加重百姓负担的事情。贺琛建议梁武帝能省则省，给百姓休养生息的机会，这才是富强图远的根本之策。

贺琛这四点意见提得很好，不仅切中时弊，其中建议遏制官僚贵族的贪腐奢侈之风，给百姓休养生息的机会这两点，更具有长期的历史价值。作为君主，本应该虚心听纳。但梁武帝看完贺琛奏章后的态度却是出人意料的"大怒"。梁武帝指责贺琛说话遮遮掩掩，没有确指。既然有那么多横暴贪残的官员，他为何不呈缴一份名单，指明哪些官员应该受到处罚；既然指责朝廷多事，他为何不具体说说看，哪些事可以省，哪些事可以停。此外，梁武帝怀疑贺琛对贪腐奢侈之风的批评是针对他本人的，于是作出重点回应：为了表明自己生活俭朴、没有欲求，梁武帝举了两个例子为自己辩护。其一，梁武帝说自己"绝房事三十余年"，即三十多年没过性生活了，平时居处不过一张床，毫无奢华装饰；其二，梁武帝说自己平时不仅吃素，而且每天只吃一顿，以前腰围十尺，瘦到只剩二尺了。"旧带犹存，非为妄说"，表示自己以前的腰带还在，谁要不信的话可以拿去看看。至于说官员奢侈浪费，总不能挨家挨户去搜查制止啊！

我来分析一下梁武帝听到意见之后的这种态度有何危害。从贺琛提的意见来看，说话路子很正，说的都是通常人们认可的大道理，既没有刺耳的语言，也没有阴阳怪气，提意见的目的是为国家好。梁武帝却批评他不提供贪腐官员的名单，这是很无理的刁难。因为贺琛是在整体描述当时国家社会面临的问题，是高屋建瓴地给国家建设提意见，而不是写实名举报信。至于具体问题怎么落实，需要朝廷制定纲领，有关部门负责执行。贺琛这些意见的作用，是要引起朝廷对国家治理状态的深刻反思，而不是去针对某些具体的人。梁武帝用这样的态度对待提意见的人，不是一位优秀君主该有的表现，举出自己三十多年不过性生活作为拒谏的理由，更是滑稽可笑。作为一名君主，在对待意见时，即便提意见的人有些偏激，也应该与他沟通商谈，而不是把提意见的门给堵住，更不应该刁难提意见的人，否则谁还会来为国家建设贡献智慧。

那么司马光怎么看待梁武帝拒谏事件？司马光对该事件评论中的第一句话，可以说是给后世那些不喜欢听意见的皇帝当头一棒："梁高祖之不终也，宜哉！"这里的梁高祖指的就是梁武帝。司马光说，从这件事就可以看出，梁武帝之所以不得善终，是有道理的。"自以蔬食之俭为盛德，日昃之勤为至治，君道已备，无复可加……

由是奸佞居前而不见，大谋颠错而不知。"梁武帝自以为平日素食节俭，就是君主的盛德，沾沾自喜于这点小善，就以为自己作为一名君主的品德已经齐备了，听不进任何不同意见。其结果就是国家大政方针发生严重的方向性错误而不知，最终身死国灭，为千古贻笑。

司马光把拒谏的行为和梁武帝最终的失败直接挂钩，强调皇帝或领导者必须虚心接纳意见。表彰那些敢于直言进谏的大臣，是《资治通鉴》最重要的主题之一。在司马光看来，皇帝只不过占据了一个至高无上的位置，就其本人而言，也和普通人一样，不会全知全能，所以必然有愚暗的一面，也必然会犯错误。这就需要皇帝及时地、广泛地和大臣以及其他睿智之士作充分的意见沟通，弥补自身的不足，以避免或纠正偏差与错误。

现代人的视角

司马光以重视教化来说明刘秀的成功，以拒绝意见来说明梁武帝的失败，体现出司马光自身对于政治的看法。这两个例子对于《资治通鉴》来说，只是九牛一毛。整部书里还有更为丰富、更为深刻的政治思想。正如宋末元初研究《资治通鉴》的著名学者胡三省所说："读者如饮河之鼠，各充其量而已。"《资治通鉴》就像奔腾不息的长江大河，各个读者就像一只渴了的老鼠，从河水里吸一两口也就足够了。

今天的人们处于一个全新的时代，已经没有皇帝，也没有士大夫了，那还有学习《资治通鉴》的必要吗？当然有。不管时代怎样变化，社会治理总是一个复杂的问题。通过研读《资治通鉴》，了解它归纳出的很多治理国家、管理社会的一般规律。抛开皇帝和士大夫这类特殊的个人身份，今天在不同工作岗位上的人，仍然能从《资治通鉴》中汲取丰富的经世智慧。

很多读者知道《资治通鉴》是一部皇帝教科书，以记录、分析中国历史上的政治人物、政治事件为核心，便想当然地认为，一部以讲述政治为主要内容、培养皇帝为主要目的的书，必然是一部阴谋教科书。我可以很负责任地告诉大家，《资治通鉴》是一部历史教科书，是一部政治教科书，绝不是阴谋教科书。只要仔细、深入地研读过这部书，就会知道，司马光可能不具备许多现代人的先进理念，但在当时条件下，对于如何引导皇帝来合理治理国家，司马光已经做到最好了。《资治通鉴》是一部教皇帝如何当皇帝的书，却是从批评皇帝开始的，正是在司马光对他们的一针见血的批评中，我们能读出他苦心孤诣提炼的治理准则与为人之道。

目 录
CONTENTS

第二卷　楚汉相争：刘邦的优胜之处

第三卷 汉初时期：守成之君的策略

第一卷

战国时代：诸侯王的得与失

三家分晋的启示：遵守法则

"无头"的开篇

司马光希望通过总结历史经验来指导政治的强烈愿望，读者只要翻开《资治通鉴》第一页，就能明显地感受到。《资治通鉴》的开篇非常有意思，这么伟大的一部经典，居然是以一句孤零零、没头没脑的话开始的："初命晋大夫魏斯、赵籍、韩虔为诸侯。"即开始任命魏斯、赵籍、韩虔三人为诸侯。这句话既没有背景交代，也没有主语。不熟悉这段历史的读者可能根本不知道魏斯、赵籍、韩虔是谁，任命他们为诸侯的人又是谁。一部大经典，居然是以一句没有主语、没有背景交代的"无头句"开始的，既让人感到新奇，又摸不着头脑，司马光到底想讲什么？

《资治通鉴》以这么奇特的方式开篇，一定有深刻的涵义在里面。其实这里交代的是春秋战国之际一桩非常著名的历史事件：三家分晋。

春秋时期，晋国很强大，曾出现过春秋五霸之一的晋文公。但发展到后来，晋国的权力逐渐集中到少数几个大家族手里，最终演变成魏、赵、韩三个大家族控制晋国国政，晋国国君反而没有什么权力。到了晋幽公的时候，国君只掌握着两座城池的土地和人民，实力非常微弱，其他土地和人民都握在魏、赵、韩三家手里。本来魏、赵、韩三家作为晋国的大臣，应该去朝见晋国的国君，现在由于实力配比倒了过来，大臣比国君强太多，所以晋幽公反而要去朝见魏、赵、韩三家的领袖。晋幽公又是一个非常好色、荒唐的国君，为了满足淫欲，有一次半夜偷偷跑出城，想到城外找漂亮的妇女媾和，结果月黑风高，路遇盗贼，为盗贼所杀。国君被杀，引起了晋国内部骚乱。魏氏家族的领导人魏文侯，也就是《资治通鉴》开篇中提到的魏斯，非常能干，他迅速出兵平定骚乱，控制了局面。晋国内部如今的情况使得当时的"国际社会"越来越重视魏、赵、韩三家，晋国国君就渐渐地被忽视了。

公元前 403 年，当时名义上的天下共主周天子，也就是周威烈王，干脆把魏、赵、韩三个家族升级为诸侯国，从此多了魏、赵、韩三个新的国家，而原先的晋国就渐渐退出了历史舞台，这就是"三家分晋"的历史背景。这是一个非常有标志性的历史事件，历史自此从春秋五霸时代逐渐过渡到战国七雄时代，魏、赵、韩这三个从晋国脱胎出来的新国家，和老牌大国齐国、秦国、楚国，以及北方的燕国，被人们称为"战国七雄"。

《资治通鉴》用"初命晋大夫魏斯、赵籍、韩虔为诸侯"这句话来开篇，并不仅仅是抓住了历史转变的关键事件，而是有更深刻的思想内涵要表达。可以先来比较一下，同样一件事，另一部史学名著《史记》如何记载。《史记》说："周威烈王赐赵、韩、魏皆命为诸侯。"直截了当，简明利索，让读者知道周威烈王册封魏、赵、韩三家为诸侯这回事。相比之下，《资治通鉴》在提到魏、赵、韩三家的时候多了三个字"晋大夫"，特别标明他们原先的身份是晋国的大夫。司马光为什么要把他们的身份特别点出来？这是对魏、赵、韩三家的批判。三家原先是晋国的大夫，但他们没有恪守臣节，最终瓜分了原本属于国君的领土，摇身一变，从大夫变成诸侯，这是儒家政治伦理中最不能容忍的僭越。所以司马光要特别点出他们"晋大夫"的原始身份，以揭示他们的僭越行为。

但问题是，三家的僭越行为为何能得逞？这就牵涉到开篇中被省略掉的主语：周威烈王。任命魏、赵、韩三家为诸侯的是周威烈王，周威烈王在整个事件中要负怎样的责任？我们顺着《资治通鉴》往下读，在开头这句话的下面，是司马光对

"三家分晋"事件的评论。在评论里，司马光说："三晋之列于诸侯，非三晋之坏礼，乃天子自坏之也。""三晋"指的就是魏、赵、韩三家。三家瓜分晋国领土，的确是破坏礼法的僭越行为。但司马光说，他们能晋级为诸侯，说到底，破坏礼法的关键人物还不是这三家，而是天子，也就是周威烈王。

司马光说："夫三晋虽强，苟不顾天下之诛而犯义侵礼，则不请于天子而自立矣。不请于天子而自立，则为悖逆之臣，天下苟有桓、文之君，必奉礼义而征之。今请于天子而天子许之，是受天子之命而为诸侯也，谁得而讨之！"魏、赵、韩三家如果毫无底线，为什么不自称诸侯，而是要向天子请示？这说明，三家其实并不敢明目张胆、毫无顾忌地破坏礼法，他们怕触犯众怒，引来其他诸侯的讨伐。他们向天子请示之后，天子下令将他们升级为诸侯，这样他们瓜分晋国的行为就变得名正言顺了。这时候如果有其他诸侯国想去讨伐他们，反而成了违背天子的命令，是不正义的。所以司马光认为，和魏、赵、韩的僭越相比，更糟糕的是周威烈王这种奖励僭越的行为。它让所有人看到，僭越不仅不会受到惩罚，还会得到天子的肯定与奖励。那么谁还会守规矩？这后续的效应是非常可怕的。

魏、赵、韩得手之后，其他诸侯国的权臣有样学样，不久之后，在齐国也上演了同样的故事。齐国权贵田氏家族，看到魏、赵、韩升级为诸侯了，也萌发了想升级的念头。于是田氏家族的领袖田和找到魏文侯，也就是《资治通鉴》开篇中提到的魏斯，委托魏文侯到周天子那里游说，让他们田家取代原先齐国的国君，升级为诸侯。田和为什么找魏斯办这件事，而不是找别人？或许正是因为魏斯在违法、僭越这方面比较有经验吧。那么结果如何呢？周天子又一次违背礼制，允许齐国的僭越之臣田和升级为诸侯。于是田和把原先齐国的国君齐康公迁徙到海滨小城，自己取代了齐国国君的位置。司马光用了同样形式的一句话来描述这件事："初命齐大夫田和为诸侯。"

站在周天子的立场来说，当第一次出现魏、赵、韩这样的卿大夫僭越礼制、凌轹诸侯的现象，不仅未能及时阻止，反而承认他们瓜分晋国的行为，那么当再次出现卿大夫要求取代自己国君的情况时，就更加无法阻止，所以田和得逞了。现在是卿大夫要求取代诸侯，天子不仅不惩罚他们，反而放任、鼓励，那么形势再继续发展，当这些诸侯纷纷起来要求消灭天子、取代天子的时候，拿什么来阻止他们？这就势必进入"纲纪散坏，上陵下替"的混乱时期，整个社会会失去秩序。事实上，历史也的确在朝这个方向发展，卿大夫强大之后消灭诸侯，诸侯强大之后消灭天子，周朝最终就这样灭亡了。

这样分析下来，司马光其实是以一种非常特殊的方式给《资治通鉴》开头，从而引出了一套基本的治国理念。司马光最基本的治国理念，正是通过批判周威烈王，也就是被省略的这个主语表达出来的。司马光的核心理念有这样一条：掌握"法"的人，必须先守法。周威烈王恰恰破坏了这条原则。处于权力秩序顶端的天子，面对违法行为，不仅不能制裁，反而奖励，这本身也是一种违法行为。这一情况必然导致纲纪礼法荡然无存，国家、社会都无法继续靠法来维持，更不可能靠法来治理。

司法必先守法

《资治通鉴》前五卷都在交代战国时期的历史。在这五卷里，司马光反复强调"司法必先守法"的重要性，从正反两面举了很多事例。周威烈王的事例是一个典型的反面事例，此外，也有不少正面事例。比如，司马光在评论周威烈王的同时，还讲了一个内容相反的故事，这个故事可以称为"晋文公请隧"。

在周威烈王之前，有一位天子叫周襄王。周襄王的弟弟王子带造反，逼得周襄王流亡在外。当时有位实力派诸侯晋文公，出兵干涉周襄王兄弟间的纠纷，帮助周襄王夺回了王位，并杀了王子带。这样一来，晋文公就有恩于周襄王，周襄王也的确感激他。晋文公倚仗自己的功劳，趁机向周襄王提了个要求，就是所谓的"请隧"。

我们今天称地下通道为"隧道"。在周朝的时候，只有天子的墓穴，才能挖地下墓道。诸侯的墓穴通道，按照礼制要暴露在地面上。晋文公的要求，就是希望自己的葬礼能按照天子的规格，挖一条地下墓道。

尽管周襄王非常感激晋文公的恩情，但对于这个要求，他还是非常坚决地予以拒绝。周襄王对晋文公说："王章也。未有代德而有二王，亦叔父之所恶也。不然，叔父有地而遂，又何请焉！"周襄王管晋文公叫叔父。周襄王的意思是说："什么样的身份就该按照什么样的规格下葬，是有礼制有王法的。没有改朝换代，而出现两个天子，这是叔父你所痛恨的混乱现象，所以之前我弟弟僭位自称天子的时候，你帮助我消灭了他。现在叔父你自己作为一名诸侯，却要按照天子的礼仪为自己争取高规格的葬礼，那不同样是僭越吗？叔父你肯定知道这么做是错的，所以才来请示我。希望通过我的首肯，使你的僭越行为合法化。否则你晋国这么广大，挖条墓道有的是地方，又何必来请示呢？但问题是，你明知道是错的，为什么还要提出这样的要求呢？这不是很矛盾吗？"

晋文公听完之后"惧而不敢违"，不敢造次，不敢违背礼法和周襄王的告诫强行挖地下墓道。司马光认为，周襄王这种守护礼法的精神，正是衰微的周王室得以维持数百年的重要原因所在。

这个故事里的周襄王和周威烈王形成了鲜明的对比。同样是面对诸侯违背法度、僭越礼制的请求，周襄王对有恩于己的晋文公尚且能坚守礼法制度，所以周王室尚能绵延数百年；周威烈王则答应了魏、赵、韩瓜分晋国的请求，使得天下秩序越来越混乱，并直接导致了周王室的卑弱乃至灭亡。在这明显的对比中，司马光强调了"司法必先守法"的重要性。

除了周襄王之外，司马光还举过另一位诸侯的例子。韩氏家族参与瓜分晋国之后升级为韩国，出现了一位优秀的领导人：韩昭侯。韩昭侯重用一个叫申不害的人治理国家。申不害非常有才干，而且擅长以法治国。申不害治理韩国十五年，法令严明，成效卓著，使得韩国"国治兵强"。仗着有这样的功劳，申不害就向韩昭侯提了个小小的要求，想为他一位堂兄谋求一官半职。申不害本以为这是件小事，韩昭侯肯定会答应。结果却出人意料，韩昭侯非常干脆地拒绝了他。申不害因此有些怨气。韩昭侯非常从容地反问申不害："今将听子之谒而废子之术乎，已其行子之术而废子之请乎？子尝教寡人修功劳，视次第；今有所私求，我将奚听乎？"意思是说："你曾经教我治国的方法，要重视人们的功劳，根据功劳的大小施行赏罚。这一整套治理国家的法令制度，是你亲手帮我制定的。你的这位堂兄，没为国家立过半分功劳，你却要求我给他官职。那么请问，我现在是应该废除这套法令，满足你自私的请求呢，还是应该驳回你自私的请求，遵守你所制定的法令？"这一问把申不害问得哑口无言，只得连连告罪。

对于韩昭侯坚守法制、不以私乱公的态度，司马光非常赞赏。司马光说："韩以微弱之国，居天下之冲，首尾腹背莫不受敌，然犹社稷血食几二百年；岂非昭侯奉法之谨，赏不加无功，罚不失有罪，后世虽不肖，犹得蒙遗烈以自存乎？呜呼，有国者安可以无法哉！"韩国虽然名列战国七雄之一，但其实是一个相对弱小的国家，而且四面都与强国为邻，腹背受敌。即便如此，这个国家也延续了将近二百年的历史。它的成功之道在哪里？司马光认为，根本原因就在于它有韩昭侯这样坚守法制、赏罚公平、不以私意害公法的优秀国君。所以司马光在评论的最后一句话里，对这个话题进行了升华，对于国家来说，领导者遵纪守法是最重要的事之一。

规则的价值

要讲战国故事，内容非常丰富，可供选择的题材很多。司马光最重视的，是依法治国这一类故事，而且特别强调当权者、在位者应该带头奉公守法。司马光认为这是国家长治久安的根本。所以司马光在《资治通鉴》前五卷中列举了很多这方面的故事。法作为治国的根本，它的价值无法用物质财富和财政数据来衡量。在很难用感性认识来告诉人们法之重要性的情况下，如何让人们认识到法的价值？司马光也曾试图通过讲述一些故事来达到这个目的。

战国后期，赵国有位名将叫赵奢。在发达之前，赵奢曾是一名负责为国家收田租的税吏。当时的赵国，有一位大贵族平原君，是赵国国君的弟弟。平原君的手下仗着权势，拒绝依法缴纳田租。对此，赵奢并没有因为平原君身份高贵而不闻不问，而是严查彻办，依法处决了平原君手下九名阻挠税收的家臣。这件事惹怒了平原君，气得想要杀了赵奢。赵奢对平原君说："君于赵为贵公子，今纵君家而不奉公则法削，法削则国弱，国弱则诸侯加兵，是无赵也。君安得有此富乎！"赵奢的陈辞简洁明了，直入主题。平原君作为赵国的贵公子，如果不带头奉公守法，那么底下的人就有借口跟着破坏法制。这样一来，这个国家就没有纲纪法度了，没有了纲纪法度，赵国的国力就会遭到削弱，赵国衰弱之后就会被诸侯吞并。如果赵国被吞并了，平原君还能保持贵族身份吗？还能这么富有吗？所以依法治国，依法纳税，是国家的长治久安之道。唯有国家长治久安，才能保障平原君这些贵族的长远利益。赵奢这番话讲得的确非常有道理，深深打动了平原君。平原君不仅没有为难赵奢，反而向赵国国君推荐他。于是赵奢被国君任命为管理赵国财政的大臣。

赵奢这番话，从长远利益的角度阐述贵族、领导层带头守法的好处，是司马光从一个侧面帮助人们理解法的价值。此外，司马光还举过一个卫国的例子，从相对感性的角度帮助人们理解法的价值。

卫国有个身负轻罪的囚徒，逃亡到了魏国。这个囚徒擅长医术，经人推荐后为魏国国君夫人治病，因此得到了魏国的保护。当时卫国的国君名叫嗣君，当他知道这件事之后，要求"引渡"该囚徒，以严肃法纪。一开始，嗣君想以五十金换取这名囚徒。魏国堂堂大国，当然不会在乎五十金，所以拒绝了嗣君的请求。遭到拒绝之后，嗣君又提出要以一座城池来换取这名囚徒。有人向嗣君指出，逃亡的只是一名轻罪囚徒，你要用一座城池去换回他，值得吗？嗣君回答说："夫治无小，乱无大。法不立，诛不必，虽有十左氏，无益也。立法，诛必，失十左氏，无害也。"这里提到的"左氏"，就是嗣君打算用来换取逃犯的城池名称。嗣君说，当治理国家的时候，只有不忽略任何一个小的环节，才能使国家不发生大的动乱。如果法制不立，该受惩罚的都没受到惩罚，国家治理处于一种混乱状态，就算得到十座城池，又有什么帮助呢？国家治理要是混乱，再多的城池也会最终失去。如果法制严明，凡是敢于触犯法律的都得到了应有的惩罚，那么即便失去十座城池，也不用担心。能把国家治理得井井有条，不是十座城池可以换得来的。魏国国君听到这番话，对嗣君不惜付出沉重的代价以恪守法制的精神表示敬佩，于是主动把逃犯送回了卫国。

其实战国时代的卫国，是一个非常弱小的诸侯国。司马光之所以要在《资治通鉴》中讲述这个故事，是认为它可圈可点，在表彰嗣君为坚守法制而不惜付出沉重的物质代价的同时，司马光也旗帜鲜明地亮出了自己的治国理念。一开始，嗣君为了赎回逃犯，不得不以五十金或者一座城池这类可以用数据衡量的物质财富向魏国提出请求。但嗣君在后来的发言中指出，以法治国秩序的确立，是十座城池也换不来的，也就是说它是无价的。其实这也正是司马光最基本的治国理念。

《资治通鉴》最前面讲述战国历史的五卷内容，包括紧随其后讲述秦朝历史的三卷内容，从起草到定稿，都由司马光独立完成，不像后面的绝大多数内容，是在助手的帮助下完成的。因此，前面这几卷在内容的选择、安排上，能更直接地体现司马光的政治思想。在讲述战国历史的五卷内容中，我们能看到，强调法治精神的故事非常密集地出现，这说明司马光把法治作为国家治理最重要的内容来看待。而法治的重中之重，是掌握权力、控制法治程序的在位者，应该率先奉公守法，以确保法制秩序的严肃有效，达到国家长治久安的目的。理解了这一点，我们再回过头来看之前提出的问题，《资治通鉴》为什么是以"初命晋大夫魏斯、赵籍、韩虔为诸侯"这么一句孤零零、没有主语的句子开头的。司马光抓住"三家分晋"这件破坏礼法的著名事件，将它树立为反面典型，重点批判带头破坏礼法的周天子，阐明纲纪散乱、礼法崩坏，是一个坏世界的开始，以此来警醒世人，尤其是警告那些在位者与掌权者，因为他们比一般人更有机会践踏法律。而秩序一旦荡然无存，无论掌权者还是被统治者，都将是受害者。作为一部成功的政治教科书，《资治通鉴》这个开头，可以说是经过司马光深思熟虑的，也是非常精彩的。正如宋末元初研究《资治通鉴》的著名学者胡三省所说："此温公书法所由始也。"这里面包含了司马光最精髓的治国理念。

当然，治国要有好的法，还需有相应的人来执行。在人才选择上，司马光又持什么样的观点呢？

智赵斗法：德者，才之帅也

选择继承人的争论

《资治通鉴》的开篇是魏、赵、韩三家瓜分晋国。"三家分晋"是一个复杂的历史过程，所以紧随"初命晋大夫魏斯、赵籍、韩虔为诸侯"这句话之后，《资治通鉴》回顾交代了这个过程中的一些重要历史事件。在魏、赵、韩三家有足够的能力瓜分晋国之前，其实还存在一个比这三家实力更强的家族：智氏家族。最初真正掌握晋国实权的正是这个智氏家族。魏、赵、韩三家只有在消灭了智氏之后，才有瓜分晋国的可能。那么实力雄厚的智氏是如何被相对弱小的魏、赵、韩消灭的？这是整部《资治通鉴》讲述的第一个完整的故事，并且，司马光从智氏的失败中总结出一套如何辨别、任用人才的观点，值得重视。

故事从智氏家族选立继承人开始。智氏家族领导人智宣子想挑选继承人，最终在自己的几个儿子中看中了一个名字叫作荀瑶的。当智宣子表达了这个想法后，智氏家族中的另一位长老式人物智果提出了不同意见。智果说，与其立荀瑶，不如选择荀宵。为什么呢？智果说："瑶之贤于人者五，其不逮者一也。"荀瑶有五个优点，胜人一筹，却有一项不如人的地方。智果的反对理由也许会让人感到困惑。俗话说，金无足赤，人无完人。既然荀瑶有五个优点，只有一个缺点，智果为什么还要反对立他为智氏家族的继承人呢？

我们来看一下，智果所指荀瑶的优缺点分别是什么。先看优点。智果指出荀瑶的五大优点分别是："美鬓长大则贤，射御足力则贤，伎艺毕给则贤，巧文辩惠则贤，强毅果敢则贤。"用我们今天的话简单概括一下，荀瑶的五大优点分别是：首先，长得很帅；其次，孔武有力，在射箭、驾驭战车等方面非常优秀；第三，多才多艺；第四，长于文辞，口才也很好；第五，做事情很有毅力，也很有决断力。一个人能同时具备这五大优点，的确非常难得，堪称超一流人才。那么是什么缺点，足以把以上所述五大优点抵消归零？智果说荀瑶这个人"如是而甚不仁"。荀瑶虽然有令人羡慕的五大优点，却有一项严重的缺点：毫无仁爱之心。

仁爱之心果真那么重要吗？在辨别人才的时候，没有了这一点，就可以置五大优点于不顾？对于一个普通人来说，对身边的人和物持有仁爱之心，是一种基本的处世素质。当你对别人仁爱的同时，你自己也是愉快的，你的人际关系是润滑而通畅的。而对于一名政治领袖来说，仁爱所能体现出来的价值，比在一般人身上更高。以智氏家族为例。智氏是整个晋国实力最强的家族，掌握着晋国的政权。一旦当上智氏家族的掌门人，不仅将成为晋国最有影响力的人物，同时也会成为当时诸侯国之间举足轻重的人物。所以智氏家族的领导人，掌握着非常丰富的政治、军事、财政资源。他有能力随时调动数万甚至数十万的军队。他一旦做出错误的决定，很可能会导致数十万甚至数百万人的灾难。因此，为这样一个领导岗位储备候选人，必须把是否具备仁爱之心放在非常重要的位置予以考量。

智果分析荀瑶这个人："夫以其五贤陵人而以不仁行之，其谁能待之？"如果一个人只是缺乏仁爱之心，而没有能力，想做坏事心有余而力不足，破坏力倒还小。现在的问题是，荀瑶非常有能力，还有这么多特长，却是一个没有仁爱之心的人。如果他凭借着自己的能力和特长去做坏事、欺辱别人的时候，谁能受得了？谁能挡得住？这种情况下，荀瑶的不仁之心会使得他的各项优点反向转化为破坏力。如果真是这样，把其他家族和实力派人物都惹怒了，他们团结一致对付智氏，智氏家族的命运就堪忧了。

智果对荀瑶的批评并不是求全责备，并不是说不允许人有缺点。而是应该看到，人所应该具备的各项素质中，有主次之分。"金无足赤，人无完人"诚然不错，但作为一个合格的人，有一些基本的底线，有些素质可以缺失，有些素质不能缺失。尤其是对于肩负重大社会责任的领导人或者领导候选人来说，这个要求应该更加严格。仁爱之心，就是作为一个人不可或缺的素质，对于一名领导者来说，更是不可或缺的素质。当仁爱之心缺失的时候，人的很多其他方面优点反而有可能转化为缺点。这是智果的基本观点。那么智果的判断正确吗？

荀瑶的表现

智宣子没有听从智果的劝告，还是选择了荀瑶作为继承人。智氏家族的悲剧命运也就开始了。荀瑶成为智氏家族的领导人之后，做了很多事情。《资治通鉴》集中选取了几件能反映荀瑶为人不仁、品格不端的事件进行描述，认为智氏家族最终走向灭亡，和荀瑶的这些举动有直接联系。

有一次，荀瑶和韩氏家族领导人韩康子，以及魏氏家族领导人魏桓子一起宴会饮酒。在宴会过程中，荀瑶羞辱了韩康子。智氏家族的另一位长老听说这件事之后，就批评荀瑶，并劝他早做准备，以防别人发难报复。荀瑶非常傲慢地回答道："难将由我。我不为难，谁敢兴之！"荀瑶的意思是说："发难的权力难道不是掌握在我手里吗？我不向别人发难已经不错了，谁还敢为难我！"通过这么一个小小的故事，荀瑶刚愎自用、自高自大的形象就活脱脱地显现出来了。这还不算完，事后荀瑶还向韩康子索要土地。韩康子很生气，当然不肯给。这时候，韩康子的一位谋臣就对他说："荀瑶要地，你就给他。因为荀瑶这个人贪婪而刚愎自用。如果他的贪欲不能在你这儿得到满足，一定会领兵攻打你。不如先把地给他，他一旦觉得向人索要土地是这么容易的事，就会变得更加自以为是，更加贪婪，一定会再次向其他人提出同样无理的要求。很有可能荀瑶会因此和别的家族发生冲突。那时候我们再静观待变，择机而行。"韩康子觉得这话很有道理，就把一座非常富庶的城邑献给了荀瑶。

荀瑶果然很得意，于是继续向魏氏家族索要土地。魏桓子一开始也不肯给。同样有一位谋士向魏桓子进言，说应该把地给他。荀瑶仗着自己的势力，贪得无厌，到处无缘无故地索要土地，必然使其他家族的人对他心存警惕和畏惧。这些人可能因为对荀瑶有共同的畏惧和仇恨而团结在一起。魏桓子如果把土地给荀瑶，荀瑶就会变得更加骄傲，一骄傲就必然轻敌。到时候，荀瑶骄傲而轻敌，魏桓子再和其他家族紧密团结，共同对付智氏，一定能打败他。等消灭了智氏，不仅失去的土地能拿回来，还有机会掠取更多的土地。这是"将欲取之，必姑与之"的道理，如果想从别人手里得到更大的利益，就先给他些甜头尝尝。魏桓子听完之后很高兴，也向荀瑶贡献了一座繁华富庶的城邑。

连续两次轻松获得大片土地，使得荀瑶飘飘然，更加自信，以为凭借着自己的实力和才华，没有人敢跟他作对。只要他轻轻地说一句话，两座富庶的城邑就到手了。殊不知，沉迷于这类虚假的成功，才是最大的失败。反对者们已经在一旁虎视眈眈，悄悄地积蓄力量，试图等待时机，奋力一搏。

智赵斗法

荀瑶利令智昏，紧接着就向赵氏家族索要土地。这次终于碰到了硬茬。赵氏家族的领袖赵襄子略微有点愣头青，身边也缺乏善于进言谋事的辅佐之臣。赵襄子非常干脆地拒绝了荀瑶的索求，结果把荀瑶激怒了。荀瑶觉得之前向韩、魏两家要地，人家都爽爽快快地给了，赵襄子凭什么不给？当然，他不会反思自己无故索地的行为本身是无理的。赵襄子态度也很强硬："凭什么无缘无故给你土地？"两家相持不下，于是荀瑶发兵，攻打赵氏。

由于智氏家族势力强大，赵襄子不敌，率领左右随从逃到晋阳这个地方，闭关自守。荀瑶通知韩、魏两家，让他们也率军队来会合，共同包围了晋阳城。为赢得战争，荀瑶派军士挖开晋阳城外的河道，引水灌城，试图用水势攻破晋阳城。水势涨到最后，再高六尺就能把整个晋阳城淹没了。这时，荀瑶带着韩康子和魏桓子一起察看水情，说了一句话："吾乃今知水可以亡人国也。"他说："我今天才知道，原来用水可以覆灭一个家族或国家。"听完这句话，随行的魏桓子用胳膊肘顶了一下边上的韩康子，而韩康子也用脚踩了一下魏桓子的脚背。两个人私底下做了小动作，虽然都没有说话，但显然已经领会对方的意思了。这两个人到底在打什么哑谜呢？史书上解释说："以汾水可以灌安邑，绛水可以灌平阳也。"怎么理解呢？安邑是魏氏家族盘踞的重要城池，而平阳则是韩氏家族的基地之一。安邑边上正好有条汾水，平阳边上则有条绛水。荀瑶说，他懂得了掘水可以攻城，可以覆灭别人的家族。现在他用这个方法对付赵氏，等到他想对付韩氏或魏氏的时候，同样可以掘开汾水去灌安邑，也可以掘开绛水去灌平阳。因为荀瑶平日蛮横嚣张，韩康子、魏桓子本来就对他心有余悸。当他讲到用一种恶毒的方法对付赵氏的时候，韩、魏两家马上会联想到自己，担心自己会重蹈赵氏的覆辙。所以韩康子和魏桓子用小动作来打哑谜，相互心领神会，意思是说："小心点，他同样会用这种方法来对付我们。"

　　视察完水情之后，韩康子和魏桓子面带忧色地回自己军营去了，路上碰到了荀瑶的手下絺疵。絺疵观察到了韩康子和魏桓子的神情，回去告诉荀瑶："你要小心，韩、魏两家要造你的反。"荀瑶问："你怎么知道的呢？"絺疵回答说："刚才我在路上碰到韩康子和魏桓子，看他们神情忧虑，肯定心里有事。他们两家和我们智氏联手对付赵氏，事先约定，消灭赵氏之后，三家共同瓜分赵氏的土地。目前的情况是，水势再高六尺，晋阳城就会被淹没，赵氏必然灭亡。按常理来说，韩康子和魏桓子这时候应该高兴，因为赵氏一旦灭亡，就可以瓜分他们的土地了。而现在韩康子和魏桓子一反常态，不仅没有高兴的神情，反而忧心忡忡，说明他们从赵氏的遭遇想到了自己，非常担心兔死狗烹，等赵氏一灭，就轮到他们了。"所以絺疵提醒荀瑶，韩、魏很可能暗地里谋划造反，要早作提防。

谁知荀瑶根本没把絺疵的警告放在心上，他始终觉得天底下没有人是他的对手，没有人能打败他。所以荀瑶不仅没有设防，反而在下一次见到韩康子和魏桓子的时候，劈头直问："听说你们要造反，有这回事吗？"韩康子和魏桓子吓了一大跳，赶紧为自己辩护，说这一定是赵氏收买了人来诬陷他们，通过这种方式激起他们之间的矛盾，让他们懈怠于攻打赵氏。辩完之后，韩康子和魏桓子就匆匆离开了。被荀瑶这么一问，韩康子和魏桓子的疑心更重，担心荀瑶迟早会把矛头指向他们。

正在这时候，晋阳城里的赵襄子派了一个水性好的使者游过城外的大水，秘密找到韩康子和魏桓子。赵襄子的使者对他们说："你们看荀瑶这副蛮横的德行，毫无道义可言。今天赵氏一灭，明天就轮到你们了。"其实韩康子和魏桓子心里也有同样的顾虑，所以很快就和赵襄子的使者达成共识，于是制定计划，约定日期，共同对付荀瑶。

设想一下当时的情景，晋阳城外漫天大水。他们是怎样把这些水固定在晋阳城四周，用来淹没晋阳城而不流走？那就必须在大水的外围筑上堤坝，把水蓄住。所以当时的情景，一定是晋阳城被困在中间，外围是大水，水的外面是一条高大的堤坝，智氏和韩、魏两家的军队只能驻扎在堤坝的外面。到了约定的那一天，赵襄子派人游过水面，到达大坝上，杀了智氏派在那儿守堤的军士，在面朝智氏军营的方向挖开一个决口，这样一来，大水反而向外涌，冲垮了智氏的军营。韩、魏两家也同时从两翼发动攻击。战斗中，荀瑶被杀身亡，智氏也就此族灭。智果的预言应验了。

如何衡量"才"与"德"

智果在分析荀瑶不适合领导岗位的时候，特别强调荀瑶的不仁之心将使他所有的长处变成破坏力。这一点在后来事情的发展过程中，表现得非常明显。荀瑶仗着自己有能力也有实力，处处表现得非常无理。不仅羞辱其他家族的领袖，使得别人颜面受损，而且还强行索要土地，使别人蒙受实际损失。尤其是他对赵氏家族的态度，已经把赵氏家族逼到了濒临灭亡的悬崖边，让别人无路可退。最后，受他欺压的几个家族因同病相怜而联手作战，使得战争形势逆转，消灭了智氏家族。荀瑶领导的智氏家族，从胜券在握突然转变为遭遇惨败，看上去很富有戏剧性，但在智果看来，却是必然的。荀瑶的性格已经注定了智氏家族的命运。

从《资治通鉴》的记载来看，荀瑶如果稍微能收敛些，懂得点自我反省，他至少有两次机会可以避免彻底覆败的命运。第一次机会出现在他羞辱韩康子之后。当时有人批评他，如此无礼的行为可能会招致别人的怨恨和报复。荀瑶听完之后根本没把这件事放在心上，更没有好好反省自己在行为上的失当之处。第二次机会出现在围攻晋阳城的时候。荀瑶的手下絺疵已经察觉到韩康子和魏桓子心怀异志。韩康子和魏桓子迫于荀瑶的淫威，不得不跟随他讨伐赵氏，其实心里面对荀瑶既有畏惧也有愤恨，更有狡兔死走狗烹的担忧。这种心理反映在面部表情上，被絺疵洞悉无遗。而当絺疵把这个情况告诉荀瑶的时候，荀瑶不仅不做防备，还直接把絺疵的观察结果告诉了韩康子和魏桓子。这都是荀瑶平时自高自大，不把别人放在眼里这一心态在行为举止、处事决断上的直接反映。这样一个到处树敌，却根本不认真对待敌人的人，怎么可能不失败？

司马光在《资治通鉴》里对荀瑶有一个非常直接的评论。司马光说："智伯之亡也，才胜德也。"这里的智伯，指的就是荀瑶。荀瑶虽然有才能，但少德行，这是他失败的最根本原因。

司马光的这个观点，和智果基本上是一致的。通过荀瑶这件事，司马光总结出一套非常独特的人才观。司马光认为，才华和德行都是人才必须具备的素质，但相比之下，德行比才华更重要。根据这个原则，司马光把人分为四等：第一等人，德才兼备，而且两方面都非常出色，那就是"圣人"；第二等人，德行很好，才华相对弱些，这类人属于"君子"；第三等人，才华很优秀，但德行欠缺，这类人属于"小人"；第四等人，既无德行，也无才华，那是"愚人"。

　　如果碰到用人问题，这四等人应该如何排序呢？司马光说："凡取人之术，苟不得圣人、君子而与之，与其得小人，不若得愚人。"圣人当然很难得，几千年就出那么几个。君子虽然有，但也不一定时时能遇到。在用人问题上，如果没有圣人或君子可供选择，那么与其用有才华无德行的小人，倒还不如用既无才华也无德行的愚人。司马光的观点用今天人的眼光来看非常奇怪，和现代社会主流思想很不一样。我们今天强调创新，强调进取，所以首先重视人的才华。司马光恰恰相反，认为才华并不是最重要的。那么司马光的理由是什么呢？司马光说："挟才以为善者，善无不至矣；挟才以为恶者，恶亦无不至矣。愚者虽欲为不善，智不能周，力不能胜，譬如乳狗搏人，人得而制之。小人智足以遂其奸，勇足以决其暴，是虎而翼者也，其为害岂不多哉！"一个有才华的人，用才华去做好事，能够做得很好。相反，如果有人利用才华去做坏事，当然也能比没有才华的人做得更坏。一个愚人，即便想做坏事，智商和能力都不足以让他的行为构成破坏性，就好比一只刚出生的小狗想咬人，肯定能被人制服。但如果一个人，既有做坏事的决心，又有足以成事的能力，那就好比如虎添翼，破坏力极强，一般人都阻止不了。在我们前面讲的故事里面，荀瑶不正是这样一种人吗？所以司马光提出的口号是"才者，德之资也；德者，才之帅也"。才华很重要，人们可以凭借它做出各种各样的成就。但为了确保才华被用在正道上，更应该重视德行，让德行来统帅才华。才华需要在德行的引导下，发挥正面作用，而不是反面作用。

司马光是中国古代典型的保守主义思想家。保守主义的重要特征之一，就是考虑问题的时候，先别想它能给人们带来多少好处，先好好考虑一下它可能给人们带来的坏处是多少。这种论点和今天的社会格格不入，今天的人更习惯的是进取思维，先问这样做有没有利益，至于害处，只要不是眼前直接能凸显出来的，一般都可以先放一放，无论用人还是做事，几乎都是这样。其实冷静地想一想，把眼光放长远些，司马光这些看上去迂腐、保守的观点并不是没有道理。在更重视才能，大家都习惯于拼命往前赶的当代社会里，尤其能起到帮助我们纠正偏向的作用。

荀瑶可以说是《资治通鉴》在第一卷中就重点塑造的失败的政治领袖形象，那么在《资治通鉴》的前几卷中，是否有值得我们注意的成功的政治领袖形象呢？

魏文侯"首霸中原"：治下的基本原则

礼贤下士

前面两章，分别讨论了《资治通鉴》中的第一句话和第一个故事。这一讲要讨论一位人物：司马光在《资治通鉴》中塑造的第一位素质比较全面的成功领导人。这个人就是《资治通鉴》第一句话中已经提到的魏斯，历史上被称作魏文侯。

《资治通鉴》在提到魏文侯时，连续讲了五个关于他的小故事，分别从不同侧面来说明，成功的领导人应该具备哪些基本素质。这五个故事，前三个都非常正面，展现出魏文侯自身具备的三种优秀品格。后两个故事，是魏文侯一开始没做好，经人提醒后做了调整和改变。五个故事就是五个角度。

先来看第一个故事，这个故事表彰魏文侯懂得尊重人才，能够礼贤下士："魏文侯以卜子夏、田子方为师。每过段干木之庐必式。四方贤士多归之。"虽然只有短短三句话，含义却非常丰富。第一句话提到两个人名：卜子夏和田子方，魏文侯拜他们两位为师。卜子夏、田子方何许人也？这两位都是著名的儒家学者，卜子夏来头尤其大，是孔子晚年最重要的弟子之一。按《论语》里的说法，孔子的学生可以划分成四大"专业"，其中有一个类别是文学。卜子夏就是孔门弟子文学专业中最有代表性的人物，不仅是孔门七十二贤之一，而且还是"孔门十哲"之一，地位非常高。为了发展魏国的教育文化事业，培养更多的治国人才，魏文侯把卜子夏请到魏国居住，并且亲自拜他为师。另一位田子方则是孔子最重要的大弟子之一子贡的学生，属于孔子的再传弟子。

第二句话中提到另一位名叫段干木的贤人，当时也住在魏国。魏文侯久仰他的大名，很想见他。但段干木不想当官，不想结交权贵，老躲着不见。后来魏文侯搞了次突然袭击，不派人事先知会，直接登门拜访。段干木一听说魏文侯来了，赶紧爬后墙逃走了，魏文侯还是白跑一趟。但魏文侯并未因此生气，反而更加敬重段干木，每次乘车路过段干木居住的地方，都要站在车上敬礼。这种敬礼的方式，古文中称为"式"。那个时候的人乘马车得站着，车厢前头有一块横木，这块横木就叫作"式"。马车上的人，可以手抚式木，微微低头，向某位贤人或某个重要的地方表示敬意。这种敬礼方式也被称为"式"。魏文侯"每过段干木之庐必式"，即便看不到段干木本人，只要看到他的房子，也要敬礼。

魏文侯重视人才、尊重人才的精神，感动了很多有能力有才学的人，纷纷来到魏国，帮助魏文侯图强争霸。所以《资治通鉴》这段中的第三句话"四方贤士多归之"，讲的是魏文侯礼贤下士的效果。我可以举出很多战国名人，都曾在魏文侯手下效力。比如战国早期法家代表人物李悝，他写过一部《法经》，主张治理国家要重视农业和重视法治双管齐下。魏文侯在李悝的帮助下实施变法，是整个战国时代变法风云的先声。再比如名将吴起，也曾在魏国一展身手。一般列举中国古代名将都是"孙吴"并称，孙就是《孙子兵法》的作者孙武，吴就是吴起。另外还有一位小学语文课本里提到的人物——西门豹。我们小时候都学过《西门豹治邺》这篇课文，他也是魏文侯手下的大臣。史称魏文侯"首霸中原"，魏国能成为战国七雄中第一个脱颖而出的国家，靠的就是这些人才。

前面举的仅仅是大家相对熟悉的人物，当时的魏国可谓人才济济。魏文侯的人才来源主要分两个途径，一是以优惠的政策吸引各国人才；二是卜子夏、田子方这些大儒在魏国开馆授徒，为魏国培养了很多人才。后来的史籍称述魏文侯的功业，都要强调他的人才政策，《资治通鉴》更是把"礼贤下士"的精神作为魏文侯能成为成功领导人的首要素质。

诚必躬亲

第二个故事谈的是诚信与责任。有一次魏文侯和大臣们一起饮酒，非常尽兴，但天却下起了雨。魏文侯命人准备车驾，打算去郊外。这时候就有人来劝阻，刚才喝酒已经很尽兴了，天又在下雨，还要去郊外干吗呢？难道还嫌今天不够快乐吗？魏文侯回答道："我和掌管山林的官员预约了今天要去打猎，得跟他见一面，不能失约。"于是魏文侯冒着雨，乘着车来到郊外。他是想继续冒雨打猎吗？不是。魏文侯找到管理山林的官员，亲口告诉他，下雨了，之前和他预约打猎的事就取消了。

这么做有必要吗？对于魏文侯来说，天下雨，不去打猎的理由很充足，他贵为国君，即便爽约，山林管理员也不敢埋怨他。但站在山林管理员的立场来看，这事不一样。魏文侯交代过的事他必然不敢懈怠，即便下雨，他也会把该准备的准备好，在岗位上等待着。万一魏文侯去了而他没准备好，那可吃罪不起。为了跟山林管理员确认活动取消，魏文侯不辞辛劳，亲自走了一趟，体现出一位优秀领导人对小人物、小事件的诚信与责任心。

我们在日常生活中，如果和重要人物有约，比如职位高的、辈分高的，或者能给予自己发展机会的，都会认真对待，甚至于战战兢兢，想尽一切办法让对方满意，更不敢失信。但对于那些职位低的、年资浅的，或者对自己没什么帮助的人，往往就不会用同样认真的态度去对待。多数人在生活中都有这样的势利心态，难免有时言而无信。但魏文侯的这个举动说明，他的诚信不分对象，他的责任心不分事情大小。对于一国君主而言，山林管理员的身份卑微，因为下雨而不去打猎的理由也正当而充足，但魏文侯却没有端着国君的身份，而是亲自冒雨去取消活动。虽然不打猎了，但还是如约和山林管理员见上一面，通过诚信、负责的举动，展现了一位领导人的魅力。大家千万不要小看这件事，史家认为它的效应巨大："魏于是乎始强。"为什么这么件小事能造就魏国的强大？魏文侯对待这么一件小事都能言出必行，负责到底，同样的态度运用到治国上，凡有赏罚条例、法制律令，也必然是严格执行，毫不懈怠。想做大事业，就该向魏文侯学习，事无巨细，言出必行，对人诚信，对事负责。

第三个故事最能体现魏文侯的"江湖大佬"地位。我之前介绍过"三家分晋"的历史背景，一个晋国瓦解成魏、赵、韩三个诸侯国。所以当时"国际社会"通常把魏、赵、韩三家合在一起，称作"三晋"。有一次韩国向魏文侯借军队，想要攻打赵国。魏文侯说："寡人与赵，兄弟也，不敢闻命。"魏文侯说魏国和赵国是兄弟之国，不能把军队借给别人去打自己的兄弟。韩国国君听完这话很生气，埋怨魏文侯不帮自己，但也因此停止了攻打赵国的计划。后来赵国也来向魏文侯借军队，要去攻打韩国，魏文侯用同样的话答复赵国，说我们和韩国是兄弟国家，不能去打自己的兄弟。因此赵国也怨恨魏文侯。隔了一段时间之后，韩、赵两国才知道，原来魏文侯曾经阻止别人来攻打自己，相比之下，觉得自己太狭隘了。于是韩、赵两国国君怀着既惭愧又感激的心情，都来朝见魏文侯。魏文侯通过这件事确立了在三晋中的领导地位。

魏、赵、韩都脱胎于晋国，诚如魏文侯所说，三国之间好比是一母同胞的兄弟。但亲友反目，兄弟阋墙，是常有的事。作为兄弟或亲属当中的另一员，来处理这样的矛盾，不仅需要能力和手段，还要有担当。一开始魏文侯为保护赵国而被韩国骂，却没有向赵国邀功，所以赵国并不知道这件事。等到赵国要借兵攻打韩国时，魏文侯没有趁机报复韩国，而是宁可再被赵国骂，也要保护埋怨过他的韩国。挨骂遭恨的是他，享受成果的是别人。受过他保护的人不知情，转而又来骂他。这一切，魏文侯都默默承受，不作任何辩白。所有矛盾都在他这里消化，所有后果都由他承担，最终达到维护三晋团结的目的，这就是担当，这就是做老大的风范。当韩、赵两国知道真相之后，对魏文侯不得不服，都来朝见，等于认他做老大。

人难免有感情、立场。面对他人的纠纷，由于情感因素、立场因素而有所偏向，是很正常的现象，难的是不偏不倚。当其中有一方对你产生误会之后，还能继续保持不偏不倚，那就更难。在日常生活中，为处理别人的矛盾而把自己绕进去，是常见现象。所以我们经常听到"好心被当作驴肝肺"，或是"狗咬吕洞宾，不识好人心"这样的话。你本来想替别人解决矛盾、解决纠纷，结果不仅被误会，还被骂了，骂你的还是你想保护或曾经保护过的人，你生不生气？还能不能不偏不倚？一般人很难不生气，一旦被情绪左右，就不太可能不偏不倚。这时候，原想通过排解纠纷以息事宁人的你，或许还会成为矛盾进一步发展的催化剂。这是为什么？因为一般人的气量还不够大，装不下这些深的误会；肩膀还不够宽，挑不起这么沉的担子。魏文侯不是一般人，始终没有忘记自己的责任是维护三晋团结，不因别人的误会而放弃这个目的。从这里我们可以看到，气量大、有担当，是做老大必备的素质。

听取异见

前三个故事都塑造了魏文侯的正面形象。当人取得一定成绩的时候，难免会有些得意忘形，魏文侯虽然是一位综合素质很高的领导人，但有时候也犯这毛病。有一次，魏文侯就问他的大臣们："你们觉得我是怎样一个领导人？"绝大多数大臣都非常知趣地回答道："您是一位仁德的君主。"只有一个叫任座的人，很不合时宜地说了句："你不配称作仁德之君。"为什么？任座说："前不久你通过征战，得到了中山国的土地，没有封给你的弟弟，而是封给了你的儿子。从这件事上可以看出来，对于土地你是非常自私的，给儿子而不给弟弟，所以你不配称作仁君。"魏文侯听完这话非常生气，任座一看惹君主生气了，就赶紧跑了出去。

这样的事在日常生活中很常见，一些领导干部，或者是社会成功人士、知名人士，为了表现自己的谦虚，经常会请大家提意见，但当你真给他提意见的时候，对方不见得高兴。尤其是取得一些成绩的时候，故作谦虚地请人提意见，成了一种装饰品。当他说"请大家多提意见"的时候，其实满心期待地想听奉承话，希望大家都说："你做得太好了，我们根本提不出什么意见，只有学习的份！"这时候你要是实事求是地给他提意见，他就会认为你十分扫兴，也根本听不进不同意见。魏文侯犯的也是这个毛病。

但魏文侯和常人不同之处在于，知道自己的毛病之后能够改正。任座出去之后，魏文侯又问一位叫翟璜的大臣："我是一位怎样的领导人？"翟璜回答道："你是仁君！"因为之前有个扫兴的任座，魏文侯心里已经不太舒坦了，认为他们这些人都是在敷衍他，嘴巴上说他好，心里指不定怎么骂他。所以听完翟璜的回答后，魏文侯就多问了一句："为什么说我是仁君？"翟璜说："只有当君主仁厚的时候，大臣才敢于直言进谏。刚才任座说话这么直率，敢于当众批评你，这恰恰是你平时待人仁厚营造出来的氛围。"

翟璜的回答非常有技巧，其实是正话反说，换了个角度向魏文侯指出，刚才对待任座的态度是不正确的。他提醒魏文侯，应该包容敢于提不同意见的人，作为一名成功的领导人，这种包容是非常重要的。翟璜的话，既给足了魏文侯面子，让领导有台阶下，也指出了魏文侯的错误所在。

魏文侯不愧是高素质的领导人，听完翟璜的话之后马上意识到了自己的错误，并加以改正，亲自下堂迎接任座回到原先的座位上，从此以上宾之礼对待敢于直言的任座。

各司其职

有一次魏文侯和田子方一起喝酒。古代贵族招待贵宾喝酒的时候，往往有乐官在旁负责奏乐。魏文侯边喝边听，忽然说道："这编钟奏出来的音乐不和谐，好像是左边的钟音太高了。"田子方听完之后大笑，魏文侯问他笑什么，田子方回答道："臣闻之，君明乐官，不明乐音。今君审于音，臣恐其聋于官也。"田子方的意思是，作为一名君主，重要的是能知道在具体职位上的人是否称职，而不是精通某些具体职务。具体到音乐上，君主应该掌握乐官是否称职的情况，而不是每次都靠自己的耳朵去辨别音律。

田子方其实是通过音乐和乐官这件事，向魏文侯揭示了君主如何行使职责的一般原理。无论古时候的成功君主，还是今天能够走上领导岗位的人，都是有才能的人，其中肯定少不了有某些特长，或精通某些领域的。但在高级领导岗位上的人，应该注重统筹全局，而不是仅靠特长做自己擅长的事。比如在一所学校里，有主管教学的部门，有主管思想政治的部门，有主管后勤服务的部门，有主管人事组织的部门，有主管行政事务的部门，有主管对外宣传的部门，等等。作为校长，最应该注意的，是各个分管领导是否称职，他们有没有把自己应该做的事情做好，在这个基础上理顺各部门之间的关系，统筹协调。如果搞教学出身的校长就要亲自抓教学，搞后勤出身的校长就要亲自抓后勤保障，搞思想政治出身的校长就要亲自抓思想政治，校长自己擅长什么就抓什么，这就肯定乱套。

首先，任何一个组织机构、社会单位，都是复杂的综合体，要把一个机构、单位运作好，需要方方面面的配合，评价一个机构、单位运作是否成功，要看整体的综合效果，而不是看它某一方面是否特别优秀。作为负责全局的领导，如果只注重某一方面，很容易使全局工作片面突出，整体失衡。其次，本来每个部门都各自有负责人，大领导抓某样具体工作，就等于侵夺了原先那位负责人的职权。工作被领导干了，那他干什么呢？这种越权，很容易引起各岗位职能的紊乱。

所以说，作为一名对全局负有责任的领导，需要关注的不是任何一方面的具体工作，而是要掌握识人、用人的法则和技巧。只要挑对人，把合适的人放在相应的岗位上，那一摊子工作就可以放手交给他，而不是每样具体工作都要亲自深入指挥。如果为了显示自己的才能而亲自指挥某些具体工作，不仅侵夺下级部门的职权，还容易造成全局失衡。领导人一旦养成喜欢干预具体工作的习惯，那就更不好了。没有全才全能的人，干预的工作恰巧是你擅长的，那还能应付，要是碰到未必擅长的事务呢？岂不是耽误了工作？

比如魏文侯听乐这件事，乐器调音是否合格，该由乐官来管。作为国君，听出乐声不协调之后，该关注的是乐官称不称职，是乐官疏忽了，还是这个乐官的乐感根本不行。如果是乐官疏忽了，就该对他加强岗位责任意识教育。如果是乐官专业素质不过关，甚至根本就是个南郭先生，那就该罢免这个乐官，重新挑选一个合格的。而不是亲自去指出哪个乐器出问题了，该如何调整。如果仅是指出具体问题，而不考察乐官，今天有懂音乐的人在，能把问题纠正过来，以后碰到没有精通音律的人在，乐官还是会打马虎眼，还是会出错。这就是田子方说的"君明乐官，不明乐音"，推而广之，对于所有具体工作、具体职位上的人，都得采取这个态度。为每项工作选择合适的人才，才是国君最重要的职责。国君选择合适的人才，各有所长的人才负责具体工作，这样就能做到国君和各个职位上的人各司其职，使得职责明确、管理流畅。如果一个国君过于注重具体问题，精力往往会被很多细枝末节所消耗，看不到大问题，甚至于忘记自己最重要的职责是什么。这就是田子方说的"审于音而聋于官"。魏文侯觉得田子方讲得非常有道理，听完这番话后，回答了一个"善"字，表扬田子方说得好。

在中国传统典籍中，有一个专门的词，用来形容那些只注重细节而忽略大局的领导人，叫"察察为明"。人总有展示特长、表现精明的欲望，通过指摘别人工作中细节上的失误，来表示自己的精明，就是所谓的"察察为明"。在前面这个故事中，如果魏文侯不听从田子方的劝告，还是注重于某些领域的工作细节，那他也就犯了"察察为明"的错误。《资治通鉴》特别反对这种"察察为明"，认为这是领导人的坏习惯。但是历史上很多颇有成就的帝王也免不了犯这个错误，比如隋王朝的开创者、赫赫有名的隋文帝杨坚，就有这个缺点。

通过讲述魏文侯的五个小故事，《资治通鉴》向读者展示了作为一名成功领导人应该具备的五种素质，它们分别是：礼贤下士、尊重人才；注重诚信、对言行负责；有担当精神，不惜自我牺牲；包容不同声音，善于采纳意见；明确职责，不察察为明。

无用之用：识别领导型人才的标准

以人才为宝

司马光对人才问题的重视，贯穿于对魏国历史的叙述。上一章提到，《资治通鉴》讲述魏文侯领导素质的时候，把尊重人才、礼贤下士放在第一条。在另一部著作中，司马光进一步说道："魏文侯以列国大夫，好贤礼士，终为天下之显诸侯，至于今称之。"把敬贤礼士作为魏文侯取得成功最重要的因素。

魏文侯之孙，即魏国后来的一位君王魏惠王，在人才意识上与魏文侯有天壤之别，就遭到了司马光的批评。《资治通鉴》卷二记载了魏惠王与齐威王的一次相会。魏惠王问齐威王："你们齐国有什么宝物吗？"齐威王回答说没有。于是魏惠王很得意，说："我们魏国虽然是小国，也还拿得出十颗宝珠，每颗都能照亮前后十二辆车，你们堂堂齐国怎么就没有宝物呢？"齐威王答道："这么说来，我们对于什么是'宝物'的看法不同。我有一位大臣替我看守南城，使得楚国不敢进犯；一位大臣替我镇守西北，赵国不敢侵陵；另一位大臣替我防守北部边境，使得赵国和燕国畏惧，那两国的百姓七千余家迁入我的国境；还有一位大臣负责治安捕盗，使百姓安居乐业，道不拾遗。我有这样四位光照千里的大臣，还要那些前后能照十二辆车的宝珠做什么？"

在这个故事中，魏惠王玩物丧志，格局狭小，身为一国之君，仅以有十颗宝珠而沾沾自喜。这十颗宝珠可以照亮前后十二辆车，同时也照得魏惠王两眼发黑，让他看不清一个国君最重要的职责是什么，沉迷于物质追求。相反，齐威王不蓄物宝，以人才为上宝，使得国家强大，才是那个时代真正的富有者。

在《稽古录》中，司马光批评魏惠王："惠王有一商鞅不能用，而弃之于秦，使还为国害；丧地七百里，窜身大梁，子孙遂微。"帮助秦孝公变法图强的商鞅，原先是在魏国。在司马光眼里，商鞅虽有实干，但猥琐刻薄，算不上深远、厚重的一流人才，但即便这样一号人物，魏惠王也不能用，让他去了秦国。商鞅入秦变法后，秦国反过来侵略魏国，使得魏国丢失了西面七百余里国土。魏惠王为避锋利，不得不迁都大梁，魏国从此越来越衰弱。这就是只重物宝、不重人才的结果。司马光说，魏惠王和他的祖父魏文侯相比，"贤、不肖之相望，岂不远哉"，即贤愚相差太远了。

对人才首先要重视，这是司马光强调的第一个问题。观念上重视人才之后，还必须懂得如何在实践中使用人才，这才是真正的难题。比如，识别、使用人才是否单纯地问有用、无用就可以了？《资治通鉴》中有不少故事可以告诉我们，很多时候未必这么简单。所以学习《资治通鉴》中如何用更高深的思维识别、使用人才，是一个相当有意义的话题。

选相的标准

上一章提到的田子方借乐官向魏文侯揭示君主与官员须各司其职，不相侵夺，其实已经涉及用人法则的一个重要层面。但这仅仅只是一个层面，如何用人，落实到具体实践中，有很多需要重视的问题，比如什么级别的人才，用什么级别的标准去衡量；又比如如何辩证人才"有用"与"无用"的关系，都是值得深入探讨的问题。有些人才看上去"无用"，却在"无用"之中蕴含着大用。《资治通鉴》前几卷里有几个故事，可以加深我们对这些问题的认识。

第一个故事还是和魏文侯有关。有段时间魏国国相有缺，需要合适的人填补。有句古话叫"家贫思良妻，国乱思良相"，古人认为齐家和治国是一个道理，一个家庭需要贤惠的主妇操持，一个国家需要贤能的宰相治理，当家庭或国家面临困境的时候，这种需求显得尤其突出。魏国在魏文侯的治理下，当然谈不上乱，但要面对严峻的"国际"竞争形势，要实现国家富强的目标，每天都会有棘手的问题需要处理，所以选相仍然是头等大事，不可不谨慎。魏文侯心里有两个人选，一个是魏成，一个是翟璜，犹豫了很久，很难决定。于是魏文侯找了非常有智慧的李克来商量，想请李克提些参考意见。

国君请他商量这么重要而且还带有一定机密性的事，李克倍感压力，一开始还推辞道："卑不谋尊，疏不谋戚。臣在阙门之外，不敢当命。"国君挑相国人选，无论国君还是相国，都是这个国家最尊贵的人，和他们相比，李克的身份无疑是卑微的。国君锁定的两个人选，魏成和翟璜，必然是他平时非常熟悉、非常信任的人，尤其是魏成，从姓氏上看，很可能是魏文侯宗族里的人。李克觉得自己和他们两位相比，与国君的关系相对疏远。所以李克说"卑不谋尊，疏不谋戚"，自己在"阙门之外"，意思就是离国君的距离比较远，不敢对这么重要的军国大事发表意见。中国古代的政治传统，一方面要求臣子在该说话的时候必须坦诚直言，另一方面又崇尚谨慎谦逊，认清自己的身份，在不该轻易发言的场合不要妄自尊大，随便开口。该不该说话，该说什么话，其间的分寸要仔细把握。李克的推辞，正体现了后一种智慧。

　　面对李克的推辞，魏文侯要求他"临事勿让"，既然有事找你商量，就不要推辞了。看到魏文侯求教的态度还是比较诚恳的，李克就发表意见了。在真发表意见的时候，李克一点儿也不客气，首先批评魏文侯失察，如果魏文侯能仔细观察魏成和翟璜这两个人，并有一个正确的观察标准，那很容易得出谁更适合于做相国的结论。那么应该如何观察呢？李克提出了几条标准："居视其所亲，富视其所与，达视其所举，穷视其所不为，贫视其所不取。"第一，看他平时和哪些人亲近；第二，如果他富裕，看他把财富用在什么地方，给了谁了；第三，如果他仕途通达，有很高的地位，那就看他举荐的是些什么人；第四，如果他并不发达，遭遇不好，就看他是否能坚守"有所不为"的原则；第五，如果他很贫困，就看他是否仍然能"有所不取"。

　　李克提出的五条标准，很值得分析。第一条是对人的整体判断，我们常说"物以类聚，人以群分"，也说"近朱者赤，近墨者黑"。和什么样的人交往，和什么样的人亲近，往往能判断出这个人自身属于什么样的人。第二条和第三条是一组对照，当一个人富有、通达的时候，掌握着财富和权力，就应该观察他把富裕的财物、权力用到哪里去了。他把钱财给谁了，是用来为自己购买欢乐了，还是用来周济贫乏，或奖掖贤才了？他运用手中的权力，为国家举荐、提拔了哪些人？是他平时交好的亲友，是那些能给予他好处的人，还是真正有才华、能为国家作出贡献的人？第四条和第五条又是一组对照，当一个人陷入穷困贫乏的时候，缺少的正是财富和权力，这时候就应该看他是否会为了获取财富和权力而抛弃原则、丧失底线，所谓"时穷节乃现"，穷困的时候恰恰是考验人品格的最佳时刻。

人才的层次

魏成和翟璜谁更胜任相国的位置，李克其实是有自己的意见的，但他没有直接把意见表达出来，而是给出了五条衡量标准，告诉魏文侯说，按照这五条标准去考察，谁是更合适的相国人选，答案自然就有了，根本不必问他。听完李克的回答，魏文侯说："我知道该任命谁做相国了。"李克听魏文侯这么说，知道问题已经解决了，就直接退了出去，也没问魏文侯在心中最终选择了谁。

那么李克知不知道魏文侯心里是如何决断的呢？他是知道的。他刚从魏文侯那儿出来，就碰到了翟璜，魏文侯心目中的两个候选人之一。翟璜就问李克："听说国君找你商量相国人选了，最终的人选会是谁？"李克说是魏成。关于具体人选，魏文侯没明说，李克也没问。在回答翟璜的时候，李克为什么能这么肯定是魏成？说明李克提出的五条标准，是能将魏成和翟璜判出高下的，如果魏文侯真是按照这五条标准去考量这两个人，得出的结论应该和李克心里的想法是一致的。

但翟璜很不服气，质疑道："我曾经推荐过吴起这样优秀的将领，为国家固守西河地区，使得秦兵不敢东向；国君因为邺这个地方没有得到很好的治理而担忧，我推荐了西门豹；国君要讨伐中山国，我推荐了乐羊；得到中山国的土地之后，没有合适的守臣，我推荐了先生您（即李克）；国君的儿子缺乏好的老师，我推荐了屈侯鲋。从这些事上来看，我哪一点不如魏成呢？"

听完翟璜的发言，李克首先问道："当初的确是你向国君推荐了我，但你推荐我的目的，就是希望我在国君面前说你好话，帮你得到大官吗？"李克说："我并没有直接向国君建议相国的人选，只是为国君提供了五条考察人的标准。国君最终也没有向我透露他决定选择谁。如果国君是按照我说的五条标准来决断的，我想人选应该是魏成，为什么呢？"李克解释道："魏成食禄千钟，什九在外，什一在内；是以东得卜子夏、田子方、段干木。此三人者，君皆师之；子所进五人者，君皆臣之。子恶得与魏成比也！"古制一钟等于六十四斗，魏成每年的俸禄有一千钟米谷，合计起来就是六万四千斗，收入当然是非常丰厚的。这么高的收入，魏成用来做什么了呢，都用来自我享受了吗？没有，这么大的一笔收入，魏成只给自己和家人留下十分之一，十分之九用来帮助他人和结交贤能之士。因此他能向国君推荐卜子夏、田子方、段干木这样的人才。他所推荐的这三个人，国君都按照对待老师的礼仪对待。而翟璜提到的向国君推荐的五个人，虽然也非常能干，但国君都把他们当臣子对待。这一比，魏成平时思考的问题、结交的人在哪个层次上，翟璜平时思考的问题、结交的人在哪个层次上，高下立判。

李克这番解释把翟璜讲得无言以对，只得"逡巡再拜"，回答说"璜，鄙人也，失对"。他认可了李克的结论，承认自己是粗鄙的人，认识境界不够高，刚才那番质疑是不对的。

"有"与"无"的辩证

魏文侯选相的故事讲到这里就结束了。至于结果是不是如李克所料，魏文侯任命了魏成为相，这个谜底史学家们并没有揭晓。这说明这个故事的看点，不在于谁最终做了魏国的宰相，而在于李克提出的这五条考察人才的标准。魏成和翟璜在魏国都有很高的地位，在国君面前说得上话，也有资格举荐人才。所以可以用五项标准中的前三条来分析他们，尤其是第二条和第三条，即"富视其所与，达视其所举"。魏成能够做到把收入的十分之九拿出来分享给他人，李克虽然没有正面指出翟璜是如何分配他的收入的，但从翟璜无言以对来看，翟璜肯定没能做到魏成的程度。魏成举荐的贤才都有资格做国君的老师，翟璜举荐的人再有才，也都是臣子。从这一点反过来看，就能知道"居视其所亲"这第一条标准，谁做得更好。

李克提出的这五条标准，不是考察一般人才的标准，而是考察高级人才的标准。为什么这么说？李克提的这五条标准非常客观、具体，具有很强的可操作性，可以拿它们来和考察对象的行为一一对照。但深入研究这五条标准，有一个非常重要的特点，不知大家注意到没有：这五条标准没有一条在谈人的具体才能，既不谈文才，也不谈武略，更不涉及法治、经济等各方面的才能，而是考量人的综合品行。翟璜侃侃而谈，把自己的功绩说得头头是道，他所举荐的人也都有非常明确具体的才能，李克反而认为他落在下风，这是什么道理？

我在前面提到过，一名优秀的国君并不在于有哪些具体特长，而是要有统筹全局，把问题看深、看远的能力。李克在这里讲的也是这个道理。相国是整个官僚系统中最重要的角色，需要协助国君统筹全局，把国君没能看深、看远的问题提出来，加以解决。结合上一章田子方谈国君的职责，这一章李克谈考察相国人选的标准，可以得出这样一个结论：越是高层领导，越要强调看问题的深远程度和把握全局的综合能力，而不是看某些解决具体问题的独特能力。

平心而论，翟璜并不差。他向国君推荐的五个人，分别解决了五个具体问题，而且都是大问题，说明翟璜具备识才能力。

在人才梯次中，翟璜属于能发现人才的人才，是更高级的人才。只不过和魏成相比，他发现的都是"人臣"，而魏成能发现"人师"，更胜一筹。魏成推荐的卜子夏、田子方、段干木，他们的学问和名声，看上去都是虚的，在弱肉强食的战国是"无用"的，并不像翟璜推荐的名将吴起、名臣西门豹等人那样有具体的才干、实实在在的功绩。但卜子夏、田子方、段干木这几位贤人的学问和名声足以成为魏文侯的老师，魏文侯拜他们为师，让散落在各地的贤才看到魏文侯屈尊纡贵、礼贤下士的真情实意，愿意投奔魏国，为魏国效力。这是魏文侯把卜子夏等几位贤人的功用化虚为实，使得卜子夏等人成为魏国能吸纳更多人才的标杆，甚至可以说是在塑造一种国家形象。一个尊重人才、对各类人才开放的国家形象，当然比一两个能解决具体问题的人才更重要，发挥的作用当然也更深远。

还有一种看上去很虚，实际上却非常重要的品质：稳重。《资治通鉴》记载的另一个故事，可以用来说明这个道理，这个故事发生在魏文侯去世之后。魏文侯的儿子魏武侯继承了国君的位置，魏国再次碰到选择相国的问题。这次魏武侯选择了田文为相。人选公布后，当时在魏国效力的一位著名人物对此表示不满，这个人就是吴起。

吴起跑去找田文说："国君任命你为相国，我想和你比比能耐和功劳，可以吗？"田文说可以啊。于是吴起问道："统帅三军，使将士们都乐于为国效命，敌国不敢打我们主意，这一点你和我比，谁强？"田文回答说："这一点我比不上你。"吴起又问道："处理各类公务，使百姓亲附、府库殷实，你和我比谁强？"田文回答说："还是不如你。"大家注意吴起问的这两个问题，和田文比的都是能耐，第一个问题谈武略，第二个问题谈文才。田文承认，无论武略还是文才，自己都不如吴起。但吴起并没有就此结束，还有第三个问题："我能做到为国家防守西河，使得秦兵不敢东向侵略我们，让韩、赵两个国家慑于我们的威力，宾从于我们，这一点你做得到吗？"吴起的第三个问题，论的是具体的功劳和为国家作出的贡献。田文依然老老实实地回答说："这点我也不如你，做不到你样的功绩。"三轮问答完毕，吴起质问道："你这也不如我，那也不如我，凭什么做相国的是你而不是我呢？"

面对吴起气势汹汹的责难，田文非常淡定地回答道："主少国疑，大臣未附，百姓不信，方是之时，属之子乎，属之我乎？"旧君刚刚去世，年轻的新君刚刚继位，权力过渡阶段往往隐藏着很多不确定因素，人们对于新政府会把国家导向何方充满疑虑，这就是古人常说的"主少国疑"。这时候，大臣未必都和新君一条心，百姓对新领导人也未必信服。田文反问吴起："论文才武略我的确都不如你，但请问，在此主少国疑之际，该把辅佐新君、稳定政局、安定人心的责任托付给你，还是托付给我？"面对田文的反问，吴起沉思良久，回答道："应该托付给你。"

吴起为什么最终承认田文是更合适的相国人选？虽然史书上没有留下田文的太多史料，但这段对话本身就很能说明问题。吴起的确很有才干，他就像一把利剑，他的才干好比剑刃，所到之处，一切难题迎刃而解。当他质问田文的时候，同样体现出这种锐利。但这场对话，也同时让人们看到，和他的锐利捆绑在一起的，是求胜心切的浮躁心态。田文则恰恰相反，表面看上去什么都不会，但面对吴起尖锐的质问，田文回答"我不如你"这几个字的时候心虚了吗？不自信了吗？没有！田文是用非常坦然、非常自信的态度答出"我不如你"这几个字的。这是什么？这是纹风不动的稳重。被人指责为无能、不行的时候，真无能的人一般都会心虚或生气，生气其实也是不自信的表现，因为怕被人说中痛处。什么样的人能坦然面对这种指责，谈笑而过，毫不介怀？一是非常自信，无须辩白；二是心胸宽广，无须计较；三是根本没把对方提出的能耐标准放在眼里，认为对方所谈的"能"不过是雕虫小技而已。

从吴起提出的三个比较标准来看，田文看上去什么都不会，非常钝。但吴起错了，田文不是钝剑，而是重器。稳重到这么能干的吴起用如此尖锐的问题来质问他，都不能让他的心志移动半分。回到当时具体的历史场景中，田文反问吴起，主少国疑，人心浮动，这时候谁更能镇得住？是利剑还是重器？利剑能砍断绳索，解决问题，同样能造成伤痕，引发新的矛盾。暗流涌动、形势莫测之际，要靠重器才能镇服。这一点吴起也不得不承认。

整体来讲，国家需要吴起这样有才干的人，作为解决问题的利剑，同样需要田文这样的重器，以填压浮躁，收镇服之效。一般而言，吴起的才干实实在在，用眼睛就能看到，对这类人才的重视无须多言，人们都懂得。难在能识别田文这样看似迟钝、实则厚重的人才，并认识到他们的价值。所以《资治通鉴》才会特意选择讲述这个故事，告诉读者，很多表面上的无用实为大用。

总结来说，在鉴别人才上，识"有"易，识"无"难，应该重视那些表面看来无用、实则能致深远的人才。所谓"有"才，往往是指有具体的才干，所做的事情能立竿见影，容易让人们看到效果。这些人才的作用很容易被认识到。难的是思考、探索表面上虚，却关系深远的问题。这里所谓的"虚"和"无"，不是真正的虚无、白纸一张，而是说深远、复杂的问题，不易为人察觉，这类问题往往能检验人们眼光的长短。翟璜推荐的吴起、西门豹等能解决实际问题，相比之下，魏成推荐的卜子夏、田子方、段干木，看上去才干为"无"，功用为"虚"，实则能起到塑造国家形象、吸纳更多人才的深远作用。和有着多项才能的吴起相比，田文看上去无所能为，但他所能起到的镇定时局的作用，是吴起的任何一项才能无法取代的。这都是不拘一用，以"无用"为用的典范。

商鞅立信：待人以诚

人才与国运

战国时代有一个现象非常受人们关注，那就是人才流动性很强，有些著名历史人物的来去往往会影响某个国家的盛衰，这是当时"国际"竞争激烈催生的现象。战国七雄中的魏国能成为战国早期最成功的国家，和魏文侯礼贤下士、广纳人才的治国策略有关，这在《资治通鉴》的开头部分有很好的体现。魏文侯吸纳的人才中有很大一部分是实干型人物，魏国成为最早实施系统变法的国家，强调以法治国，以符合当时社会环境剧烈变化的历史大趋势。所以当时的魏国，是战国早期法家代表人物的聚集地。法家是战国时代诸子百家中的重要流派，魏文侯手下的李悝、吴起都是这方面的代表人物。可以说，魏国之盛和人才之盛呈正相关。

但魏文侯的继承者们没能很好地贯彻他的精神，很多聚集在魏国的优秀人才，在魏文侯身故后开始逐渐流失。比如吴起后来跑到了魏国南边的楚国，帮助楚国变法，使得楚国日益强大。楚国强大后必然威胁到魏国的国势与"国际"地位，所以人才流动和当时各诸侯国的国运紧密相连。《资治通鉴》介绍了一个非常典型的历史故事，来说明人才流动和国家实力强弱变化之间的关系，这就是著名的"商鞅由魏入秦"事件。

商鞅是中国历史上最著名的人物之一，他的才干今天的人们都非常熟悉。商鞅最初居住在魏惠王统治的魏国，魏惠王是魏文侯的孙子，这位魏王不愿用商鞅。后来魏国西面的邻国秦国，出了一位励精图治的国君：秦孝公。秦孝公发愤图强，下令求贤，商鞅就来到了秦国，帮助秦国变法，改变了魏、秦两国的实力对比。

魏国和秦国交界的地方有一块著名的"河西"地，大概方圆七百里，在今天陕西、山西边界黄河流域南段的西面，秦、魏两国围绕着这块土地展开过四次大规模战争。这块地方最初属于秦国，魏文侯时代，魏国强大，向西推进，从秦国手里夺得了这块土地。秦国国君深以为耻，变法图强。后来秦孝公在商鞅建议下，再次和魏国展开了争夺河西的战争。这是两国之间围绕河西的第三次大战，秦军在商鞅率领下击溃了魏军，基本夺回了这块土地。这次战争，一定程度上体现了商鞅变法的成效。有一种说法是，这场战争之后，魏惠王将魏国首都从安邑迁往东部的大梁，就是为了避开秦国的锋芒。

在《资治通鉴》的最初几卷里，诸侯国之间的实力对比，可以说有一个戏剧性变化。魏国是早期最活跃的诸侯国，司马光非常注重描述、总结魏国强盛的原因。但到了魏惠王时代，魏国东面不停受到齐国打击，西面受到秦国攻夺，南面受到楚国威胁，国力越来越弱。相反，秦国日渐强大，成了历史舞台的主角，从被东方诸侯瞧不起的西戎之国，逐步成为第一霸国。大家仔细读《资治通鉴》的话，能够发现这样一个特点，《资治通鉴》用大篇幅描述秦国，重视秦国的历史作用，正是从孝公求贤、商鞅入秦开始的。诚如司马光所反问的："贤者之于国家，何如哉！"贤者和国家之间到底是什么关系呢，难道不是一个值得深省的问题吗？

魏惠王之弊

商鞅既然这么重要，魏惠王为什么放走了他，魏惠王错在哪儿？这是接下来需要究明的问题。

商鞅早年在魏国重臣公叔痤门下任职，受到公叔痤的赏识。但由于当时商鞅还比较年轻，公叔痤没向魏惠王推荐他。直到公叔痤病重之际，魏惠王去看望他，问谁能够替代他的位置。公叔痤可能也觉得自己快不行了，这才向魏惠王举荐了商鞅。

公叔痤说，商鞅虽然年轻，但这个人有奇才，希望魏惠王信任他、重用他，"举国而听之"，在国家大事方面都听商鞅的。魏惠王听完陷入了沉默，这种沉默当然是对公叔痤意见的迟疑与反对。这也符合人之常情，让一个国君把整个国家交给一个素未谋面的年轻人，的确是一件很难让人接受的事。公叔痤也看出了魏惠王的犹豫，于是进一步对魏惠王说："如果你不能用商鞅，一定要杀了他，不能让他流失到其他国家。如果他到其他国家获得了施展抱负的机会，那必将是魏国的不幸。"魏惠王当面答应了公叔痤的请求，但只是碍于情面。公叔痤是元老重臣，这次谈话很可能是君臣间的最后一次深谈，如果魏惠王对他的话一句都不听，在情面上说不过去，所以魏惠王答应下来了。可是他心里想的并不是这么回事。出门之后，魏惠王就对身边人说："公叔痤果然病得厉害，居然让我把国家交给一个毛头小子，还劝我不用他就杀了他，真是太荒谬了。"对于公叔痤推荐的商鞅，魏惠王没当回事，他倒觉得公叔痤病成这个样子是件很可悲的事。

魏惠王走后，公叔痤把商鞅叫到跟前，把对魏惠王说过的话对商鞅又说了一遍，然后说："我身为魏国的大臣，得先忠于国君，再谈私交。之前我对魏惠王说的这番话算是为国尽忠了，接下来呢，我要对得起你这个朋友，所以我把情况告诉你，你赶紧跑吧，免得被魏惠王逮着给杀了。"公叔痤的这番举动，的确显得思维有点混乱，非常"无厘头"：既建议魏惠王不能用之则杀之，又私下通风报信，让商鞅逃走，好人坏人全让他一个人演了，不知道他到底想干什么。商鞅头脑很清醒，对公叔痤说："你放心吧，国君既然不会听你的话用我，那也就不会听你的话杀我。"所以商鞅并没有急匆匆地逃离魏国。事实也证明，魏惠王的确没来找商鞅的麻烦。

从这件事就可以看出来，商鞅看问题思路清晰，能抓住关键问题。堂堂一国之君为什么要杀一个无名小卒？这跟堂堂一国之君凭什么把一个国家交给一个无名小卒，本质上是一样的。魏惠王为什么不打算用商鞅，因为打心眼里看不起这个小人物，不认为他是治国的能臣。既然看不起，不认为商鞅是个人物，那杀他的理由又是什么呢？这不是很简单的道理吗？商鞅思路非常清晰，马上就看准了这点，所以并没有急于离开魏国，直到秦孝公下求贤令之后，才西入秦国，帮助秦国变法。

秦国强大之后对魏国造成的危害，前文已经介绍过了。在放走商鞅这个问题上，魏惠王的确犯了错。问题是他错在哪儿，错在没听公叔痤的建议吗？他立马听公叔痤的话重用商鞅，这就对了吗？魏惠王不了解商鞅，不敢轻易听从公叔痤的建议，把国家交给这个年轻人，这一点并没有错，否则作为国君就太冒失了。魏惠王的错不在这里。对于魏惠王来说，既然认为公叔痤是元老重臣，重视他的意见，诚恳地向他讨教之后，觉得对方的建议少些可行性，对这些建议可以存疑，但应该认真对待，仔细考察。所以魏惠王不轻信公叔痤，不马上重用商鞅没有错，错在少了考察商鞅这道程序。怀疑不等于不当回事，魏惠王可以怀疑商鞅的能力，但不应该把公叔痤临终郑重推荐的这个人物不当回事。魏惠王之所以犯这个错误，应该和他长期以来对人才问题掉以轻心的习性有关。

徙木立信

商鞅帮助秦国变法，成效显著。作为一种历史经验，商鞅在变法活动中最值得后人借鉴的地方在哪里？司马光在《资治通鉴》中点出，那就是诚信。以诚信为立国之基，是商鞅变法中最值得后人借鉴的地方。

"商鞅立木"的故事大家都非常熟悉，商鞅帮助秦孝公变法，制定了一系列新的条例法令，但唯恐不能取信于民，不敢贸然发布。于是商鞅给秦孝公出了个主意，设法让百姓对新法令信任。怎么做呢？商鞅让人在秦国国都南门竖立一根高达三丈的木头，发布公告说，谁能把这棵大木头搬到北门，就给予他十金的赏钱。百姓看了之后感到莫名其妙，不知道政府什么意思，没事下令让百姓搬木头玩，把一块木头从南门搬到北门，就能得到十金赏钱，天底下哪有这么便宜的事情？百姓见官怕三分，不知道葫芦里卖的什么药，没人敢贸然去搬这根木头，生怕其中有陷阱。商鞅看没人接茬，这戏唱不下去，于是提高赏金，而且一翻就是五倍，宣布谁能把这块木头搬到北门，就给五十金赏钱。虽然当时的金一般是指铜，但铜在那时候也是重要财富啊，五十金接近于今天的二十公斤铜，小老百姓要光靠力气挣这点钱，种田得种好多年。重赏之下真有勇夫，有人一看有五十金，豁出去了，就按公告要求把木头从南门扛到了北门。当时在边上看的百姓，说不定就有幸灾乐祸等着看戏的，也有心里替这人捏把汗的。商鞅的目的在于显示政府是言出必行的，所以围观的人都见证了，等这位"勇士"完成指令后，真的得到了五十金赏钱。这时候必然又有很多人暗自后悔，没能抓住机会搏一把。这种场景在日常生活中很常见，我们时常充当机会的看客。机会出现时，不敢冲出去做敢于尝试的勇士，被人抢先后又埋怨自己不能把握机会。

这一事件必然会成为"头条新闻"在街头巷尾热议。对于一桩"无厘头"的搬木头指令，政府尚能言出必行，毫不食言，如约给赏钱，分文不差，那么对于正式发布的各项条令，必然严格执行，毫不懈怠。商鞅通过这件事达到了取信于民的目的。有了民众信任的基础，商鞅的新法令得到了顺利推行。

这个故事非常简单，重要的是《资治通鉴》在讲完这个故事之后，司马光写下一篇长评，可谓字字珠玑，值得认真学习。司马光说："夫信者，人君之大宝也。国保于民，民保于信；非信无以使民，非民无以守国。是故古之王者不欺四海，霸者不欺四邻，善为国者不欺其民，善为家者不欺其亲。不善者反之，欺其邻国，欺其百姓，甚者欺其兄弟，欺其父子。上不信下，下不信上，上下离心，以至于败。所利不能药其所伤，所获不能补其所亡，岂不哀哉！"这段评论虽然有点长，但因为非常有价值，大家不妨逐字逐句认真阅读。

司马光首先说"夫信者，人君之大宝也"，信誉、信义、信用，这都是为政者最重要的法宝。国家靠谁来保全？人民。人民靠什么来凝聚？信誉。没有信誉，怎么可能指使得了人民；没有人民，谁来守卫国家。所以古时候优秀的领导者，都非常注重信誉，因为王者不欺四海。古人把有仁义又有实力，靠仁义治国的统治者称为王者，比王者差一个等次的是霸者，霸者是有实力而在仁义上稍差一些的统治者。即便如此，霸者也是不欺四邻的，至少对自己的邻国要讲信义，否则无信不立，就没有跟班小弟，只能单打独斗。善于治国者，不欺骗自己的百姓，善于齐家者，不欺骗自己的亲人。不善于治国、齐家者恰恰相反，在国际上欺骗邻国，在国内欺骗百姓，在家里欺骗亲人。在上者没有信誉，在下者凭什么相信你呢？这样的恶性循环，必然导致上下离心，破国亡家。

对于绝大多数读者来说，治国离我们太遥远，司马光说治家其实也是同样的道理，那我们就以家庭为例吧。一个人利用家人的亲情和信任，欺骗家人，出卖家人，虽然可能获得眼前的一点小利，但对最亲密的人断情绝义，难道自己不会受到伤害吗？对最亲的人都无信义可言，对谁还会有信义呢？反过来，谁还会跟这样的人讲信义呢？他在这个社会上，还能获得最基本的信任吗？他还有自立于这个社会的脸面和根基吗？抛弃一切情义和信誉，就为眼前那点利益，值得吗？这点利益够用来弥补所失去的吗？这个道理非常浅显易懂，一般人都能明白。把它扩大到一个国家，不是同一个道理吗？当以一个国家为单位来处理问题的时候，这个国家里的人不都是亲人关系吗？我们不是称国人为同胞吗？所以为政者必须对自己的百姓讲信义，就跟在家里必须和亲人讲信义是一个道理。

司马光最后还说："商君尤称刻薄，又处战攻之世，天下趋于诈力，犹且不敢忘信以畜其民，况为四海治平之政者哉！"商鞅是一个非常刻薄的人，法令严峻，百姓动辄得咎。而且当时正处在列国纷争、攻伐不已的时代，列国间的竞争崇尚欺诈暴力。即便处在这样一个时代，商鞅对于自己国内的百姓，也还不敢忘了以信义来教养他们，更何况那些想让四海升平的统治者，怎能忘记一个"信"字呢？

法本与人本

商鞅在秦国的变法很成功，但商鞅最终的结局很悲惨，遭受车裂之刑而死。车裂就是俗话所说的五马分尸，非常残酷。一般历史教科书讲到这段，就说是秦国守旧、落后的贵族势力反攻倒算，迫害商鞅。这样看待历史固然没有错，商鞅的结局也的确令人同情，但在他身上一定有导致失败的原因值得后人深思。仔细阅读《资治通鉴》，可以得到一些启示。

司马光和主流儒家学者一样，对商鞅最核心的评价是两个字：刻薄。为什么说商鞅刻薄？安于故俗是普通人的本性，所以新法在秦国刚颁布的时候，有数千人特意跑到国都来说新法不好。为了立威，商鞅抓住一个太子犯法的机会，处置了太子的两位师傅，其中一个被实施刑罚，另一个被黥面。黥面就是用刀在人脸上刺出图文，然后用墨染上色，让人一看这张脸就知道这是个犯过罪的人。我们今天常说"坏人"不会写在脸上，古时候还真能把"坏人"写在脸上，就是通过这种刑罚。这两个人在秦国本来贵为太子的老师，现在因为太子犯法而受牵连，不仅被商鞅当作囚徒处理，还被树立为全秦国不奉公守法的头号反面典型，颜面扫地，其中有一个闭门不出整整八年。商鞅则通过这件事树立了权威，迫使全国上下老老实实地遵守新法。

就这件事本身而言，还能说商鞅执法严明，人不分贵贱都应该守法，这理念没错。但商鞅推行新法仅立威而不树德，很多地方威有余而德不足，就容易出问题，最大的问题就是引起人们的逆反心理。比如数年之后，新法的治理效果得到体现，很多一开始抗拒新法的人纷纷跑来赞扬新法。这些人，你可以说他们是小人或愚人，可以针对他们的愚暗进行教育。但商鞅并没有选择这么做，他认为这些都是"乱法之民"，将他们悉数发配边疆，处置非常决绝，从此以后百姓再也不敢议论法令了。这里有两个问题值得思考，首先，赞扬新法为什么要受到发配的惩罚，既然讲依法治国，它的法律依据是什么？商鞅在这件事的处理上，凭的是法还是个人意志？其次，商鞅做这件事的主要目的是什么？是钳制舆论，让百姓都不敢议论法令。偌大一个国家，只有一种声音，凭一个人说了算，这对于国家来说是好事吗？所以说商鞅威有余而德不足，失败的根基在这里。

史书上记载，商鞅曾经在渭河边审讯犯人，所诛犯人的血把渭河都染红了，所以"为相十年，人多怨之"。这里不免有夸张的成分，但把商鞅严酷刻薄的面目刻画得很生动。

商鞅为了了解自己执政的效果，曾经问一个叫赵良的人，将自己和春秋时期秦国名相五羖大夫比，谁更有成就。赵良实事求是地告诉商鞅："你不能和五羖大夫比。五羖大夫相秦六七年，使得秦国强大，曾经三度扶植晋国国君，一次帮助楚国。有这么大功绩的人，从来都是单车出门，不用带警卫。他死了之后，不分男女老少都悲伤流泪，甚至连儿童都不唱歌谣了，可见得人心之深。而商鞅你呢，看上去也很厉害，但无论做事还是为人，和五羖大夫都相去太远。"所以赵良最后送了两句话给商鞅，第一句叫"得人者兴，失人者崩"，因为赵良看到商鞅在执政期间不仅得罪了很多贵族，而且还伤残百姓，大失人心，这是非常危险的；第二句是"恃德者昌，恃力者亡"，因为赵良看到商鞅每次出门都如临大敌，一定要做到戒备森严，和五羖大夫的轻车简从恰恰相反。堂堂相国，在自己国家行走都如临大敌，敌人是谁？说明商鞅也知道自己不得人心。一位相国为防范百姓而戒备森严，这本身不就是对治国绩效的绝佳讽刺吗？

赵良这话说在商鞅出事五个月之前。五个月后，支持商鞅的秦孝公去世，太子继位，商鞅被人诬告谋反，最终遭受车裂灭门之祸。商鞅虽然是被诬告的，但结局是他平时积怨招祸所致，赵良的两句话"得人者兴，失人者崩""恃德者昌，恃力者亡"，说得一点都不错。

关于商鞅之死，如果我们看《史记·商君列传》，会发现很多戏剧性情节，比如商鞅遭通缉而逃亡，途中想投宿，结果主人说按照商君法令，接纳身份不明的人是要受处罚的，拒绝接纳商鞅。商鞅对此很感慨，自己终于尝到了严法的滋味。这个故事用来讽刺商鞅变法自毙。这么精彩的故事，司马光编《资治通鉴》时却把它删除了，相比于《史记》，《资治通鉴》对商鞅之死的记载非常平实。因为作为政治家的司马光，在编纂以政治教育为目的的史书时，关注点不在跌宕曲折的故事，而在故事背后的治国理念。

从《资治通鉴》对商鞅的记载中能得到什么启示？把商鞅和魏文侯做个对比就能明白。商鞅是法家，魏文侯也看重法家，是战国早期支持变法的重要国君，而且商鞅的这套法家本领很可能是在魏国逐渐训练出来的，但商鞅和魏文侯在治国理念上存在巨大差别。魏文侯以李悝、吴起等法家人物为臣没有错，但大家不要忘了，魏文侯同时是以卜子夏、田子方等儒家代表人物为师的。从表面上看，法家的条令立竿见影，儒家的说教迂腐无用；事实上，任何法令最终都是要解决人的问题，立法而不立人，难免滑向条文形式主义。社会和国家都由人组成，管理社会、治理国家最终要回到以人为本的路径上来。法只能束缚人的行，不能收服人的心，严酷的刑罚更容易蓄怨，商鞅的失败正由于此。

司马光很重视法治，但不是单纯的条文主义者，而是更重视人心教化。司马光主张法制严明的同时，要以道德教化陶冶人心，与此对应，统治者不仅要执法，更要蓄德。所以在《资治通鉴》中，魏文侯是理想的国家领导人，商鞅则不是。

孟尝君听谏：明辨弦外之音

“听”的层次

人有耳、目、口、鼻、舌五官，每个器官都有它的功能，用眼睛看，用耳朵听。面对复杂的社会、人事，如何看，如何听，又有许多讲究。比如听，是最基本的一种感官能力，多种声音都能听到，就如“风声雨声读书声，声声入耳”。虽然听到了，但人们对于其中的每一种声音，未必都能理解。再往上一个层次，“听”就要跟理解能力挂钩，我们平时常问“你听懂了吗”，意思就是“你理解了吗”。孔子有云，“听其言而观其行”，判断一个人的时候，不仅要听他是怎么说的，更重要的是看他是怎么做的。这里的“听”，就需要对别人的语言进行理解，你得理解他是如何表态的，或者是如何承诺的。

更高一个层次的听，是一种鉴赏能力和判断能力。同一把乐器，在不同演奏者手里发挥的作用是不一样的；同一支乐曲，由不同的演唱者来表演，效果也是不一样的。但一般外行只能听个热闹，只有行家才能听得出门道，好在哪里，不好在哪里。这样的听，就是一种鉴赏能力。另外，中医讲究"望闻问切"，闻就包括听病人发出的声音来推断病情。据说有一些相马高手，通过听马蹄声，就能辨别这马好不好。中医和相马师都是通过听来对事物作出判断，和音乐鉴赏在本质上是相通的，只不过用于不同的对象。

听的最高境界，是思考和感悟。古人有个词叫"弦外之音"，演奏者的意思并没有全都用琴声直接表达出来，而是还有一层意思在琴声之外。今天我们也常讲"听话听音"，有很多意见和看法不便于直接表达，就把它放在话外，让别人去揣摩，这叫"话外之音"或"言外之意"。要把这层"弦外之音"或"言外之意"听出来，就需要有思考能力。有些人无知无觉，听不懂别人委婉的拒绝或含蓄的推辞，和他们交往就让人觉得挺费劲。在这个基础上更进一步，不仅要用耳朵听，更要用心灵"听"，从本身没有意义的声音中听出意义来，那就需要很高的感悟能力。比如上文提到的"风声、雨声"，这都是来自大自然的声音，本身没有意义，能不能从这些声音中听出点什么，就要看听的人是否有心。雨声在一般人耳朵里就是雨声，中国古代却有不少文人喜欢听雨，通过滴滴答答的雨声来印证自己的心境，因此有不少人把自己的书房或小憩的亭台楼阁命名为"听雨轩""听雨阁""听雨楼"之类的，也留下过不少"听雨"的文章。这在劳动人民看来很矫情。要是正好赶时间上班，碰上风雨大作，你不仅不会觉得它美，还会嫌它讨厌。但在古代还真有不少通过聆听大自然的声音来进行艺术创作的例子，比如唐代诗人王建的《霓裳辞》中的一句："弟子部中留一色，听风听水作霓裳。"这个典故讲的是，古代西域龟兹国有位国王，喜欢带着乐工往大山里跑，听大山里的风声、水声以获取灵感，制作音乐。唐代的霓裳羽衣曲非常有名，这句诗里的"霓裳"就泛指音乐。

　　我讲《资治通鉴》里的"听"，和这些形式的"听"都不一样。《资治通鉴》讲治国理念，其中关于"听"的故事，自然也都和政治有关。作为政治上的权势人物，不同的人会怀着不同的目的讲很多话，怎么去听这些话，大有讲究，甚至可以说是一门学问。作为重要的政治人物，如何正确把握耳朵里听到的话，有时候会影响到重大决策，不可不谨慎。在政治实践中更重要的是听到这些话之后的处理方法和处理能力。《资治通鉴》前几卷里有不少关于"听言"的趣事，都很有教育意义，这一章就来介绍几则。

孟尝君听谏

第一个故事和战国时代的一位大名人孟尝君有关。孟尝君喜欢养门客，"鸡鸣狗盗"的故事，就发生在孟尝君和他的门客身上。这里要提到的是孟尝君的另一位门客，名叫公孙戌。

孟尝君是齐国的贵族，曾奉命出使楚国。楚国国君送了一具象牙床给孟尝君，这是非常贵重的礼物，大概因为孟尝君还要带领手下去往其他国家，于是楚王派一个叫登徒直的人，帮孟尝君把象牙床先送到齐国。登徒直不愿意去送，象牙床价值千金，要是路上稍有损伤，他就算卖妻鬻子也赔偿不起。但楚王的命令又不能公然违抗。于是登徒直找到了公孙戌，劝说他道："你要能说服孟尝君拒收这具象牙床，免了我这趟差事，我就把家里那口祖传的宝剑送给你。"公孙戌满口答应。

于是公孙戌见到孟尝君时就对他说："你名满天下，人们都仰慕你，是因为大家知道你是个能够赈济贫穷，为人排解危难，却不贪慕钱财的人。很多小国家的国君甚至纷纷把自己国家的相印呈送给你，就是希望你能帮助弱国寡民解决困难。现在你一到楚国，就接受这么贵重的礼物。楚是大国，送具象牙床不算什么。但这件事一旦传出去，那些等着你去排忧解难，却拿不出珍贵礼物献给你的国家怎么办？他们拿不出像样的礼物，还好意思让你帮忙解决困难吗？这样一来，你还当得起解人危难、不贪钱财的名声吗？"

　　古时候的贵族比较爱惜名誉，尤其是已经名满天下的孟尝君，他觉得公孙戌讲得在理，就决定向楚王推辞这份礼物。公孙戌一看游说成功，神情洋溢着喜悦，心里惦记着登徒直答应送他的那口祖传宝剑，走路时的神态难免有些得意忘形。结果还没等他走出门口，就被孟尝君叫了回来。孟尝君问他："子何足之高，志之扬也？"意思是："你走就走，为何这么趾高气扬？"公孙戌只好把登徒直跟他说的话一五一十地告诉孟尝君。换成一般人，听到公孙戌的解释会怎么想？他一定会勃然大怒，觉得别人骗了他，只是为了自己能从别人那儿得到一口宝剑。但孟尝君气量很大，不仅没有生气，告诉公孙戌，他可以收下这把宝剑。更为难得的是，孟尝君还在自己的门口写下这么一句话："有能扬文之名，止文之过，私得宝于外者，疾入谏！"这里的"文"，是孟尝君称自己的名字，孟尝君原名叫田文。孟尝君从这件事上受到启发，告诉手下的门客们，只要他们能传播自己的好名声，阻止他犯错误，他们有意见只管来提，哪怕他们私下收了别人的好处，变着法儿地帮别人说话，他也不介意，只要他们说得在理，有助于树立他的好名誉，都一概接受。

　　这样的态度体现出孟尝君的君子气魄，司马光评价孟尝君"能用谏"，能够真正地把别人的意见听进去，用别人的谏诤来匡正自己。世界上有一种人，表面上和蔼客气，对别人提的意见恭恭敬敬，骨子里却满不在意，从来只认为自己才是对的，对不同意见全然不屑一顾，更别提按别人的意见来改正了。孟尝君不是这种人，更难能可贵的是他认为："苟其言之善也，虽怀诈谖之心，犹将用之，况尽忠无私以事其上乎！"只要道理对，哪怕对方提建议时怀有欺诈心理，也能就事论事，吸取对方正确的部分。有了这样的态度，那些本来就怀着忠诚、毫无私心地辅佐孟尝君的人，岂不是会更积极地给他提供更多的建设性意见？这不就在上下级之间形成一种良性互动了吗？

《诗经》里有句话："采葑采菲，无以下体。"葑和菲是两种草本植物，古人采摘它们作为食物。诗句中的"下体"指的就是根茎。这两种菜的叶子和根茎都可以食用，叶子通常是甘美的，但根茎有时甘美可食，有时苦不可食，没有定数。人们在采摘的时候，不能因为它们的根茎可能是苦的，就连叶子也扔了。公孙戌给孟尝君提的意见，好比是根茎苦涩的葑、菲，动机很糟糕，贪图得到别人的宝剑，这就是苦涩的菜根，但他说的道理本身是对的，就好比是甘美的菜叶。孟尝君是善于"采摘"的人，没有因为公孙戌错误的动机而连带否定他所陈述的道理本身。这是孟尝君"听谏"的气度与能力，值得今天的人好好学习。

赵王听谗

公孙戍虽然有点私心，但还不能完全算是个坏人，至少他对孟尝君讲的那番话还在理。这件事给我们的另外一个启示是，当你面对别人的语言、别人传递给你的信息时，一定要有明辨是非的能力。不是每个到你面前说话的人都像公孙戍那么坦率，难保有些人就是靠故意传递错误信息、误导他人行为来获利的。尤其是对在领导岗位上的人来说，误信一些不正确信息，并依赖这类信息作出行动，有时候导致的损失是无法估量的。

《资治通鉴》所记载的，由于重要领导人误听误信而给一个国家或一个时代造成重大损失的例证，不胜枚举，本节来讲两个战国后期赵国的例子。

当时赵国有个叫郭开的人，本事大极了。很多对战国故事稍有了解的读者，可能会觉得这并不是一个特别有名的人物，为什么说他本事极大呢？大家应该知道廉颇和李牧，这两位都是赵国名将，而且完全有资格跻身战国时代的一流名将行列。但这两位将军的下场都不太好，一位被迫离开赵国，客死他乡；一位遭人诬陷而被冤杀。两位名将的悲惨下场，都拜一人所赐，这个人就是郭开。郭开中伤两位将军的方法，就是向赵国国君进谗言，传递错误信息，误导国君的行为。说郭开本事大，有点反讽的意思，但不得不承认他对赵国历史的影响很大，尽管是负面影响。郭开只是一个佞臣，本来对国家走势没有主导权，他为什么能左右时局、影响历史？关键在于掌握着主导权的赵国国君面对郭开提供的信息时，缺乏是非判断能力，在行使主导权时被郭开牵着鼻子走。赵国国君在如何"听"这个问题上，大失水准。

先讲客死他乡的将军廉颇。当时赵国的国君是悼襄王。在悼襄王父亲孝成王时代，赵国曾经和秦国发生过一次著名战役：长平之战。孝成王不用老成持重的廉颇，而改用纸上谈兵的赵括，结果被秦军打得大败，四十万赵军在长平被秦国军队坑杀，赵国从此一蹶不振。到悼襄王时代，赵国仍然不停地遭到秦国军队的攻击，国势更加微弱。俗话说"国难思良将"，悼襄王后来想重新起用廉颇，于是先派了名使者前去探望廉颇，看看老将军的情况。廉颇一看赵王派使者来了，当着使者的面，一餐饭吃一斗米、十斤肉，吃完之后就披甲上马，表示自己老当益壮，还能再上战场。

但廉颇没料到这使者是个坏人，来之前就收受了廉颇一位仇家的贿赂，压根就没打算回去向赵王汇报廉颇的正面情况。廉颇的仇人是谁？正是郭开。廉颇曾在一次宴会上当众指责郭开是只会溜须拍马的小人，郭开因此怀恨在心，不想让廉颇东山再起。使者出发之前，郭开就暗地给他塞了很多金子，让使者在赵王面前坏廉颇的事。使者回来之后对赵王说："廉将军虽老，尚善饭；然与臣坐，顷之三遗矢矣。""三遗矢"一般理解为上三趟厕所。使者说廉老将军饭量还不错，但一会儿工夫，就上了三趟厕所。意思是廉颇毕竟老了，身体状况不好。日本学者中井积德认为，"三遗矢"指的是廉颇坐在那儿，连续三次大便失禁，并非起身上厕所。按这种说法，使者把廉颇的健康情况描绘得更糟。赵王最终听信了使者的话，没再起用廉颇。

后来廉颇去往楚国，带领楚国军队打过一次仗，但没有建立功勋，讲了一句颇令人感伤的话："我思用赵人！"一辈子身为赵将，廉颇非常熟悉赵国军队的特性，一旦让他指挥陌生的楚军，就再也展现不出一代名将的风范。战火依然纷飞，但战场再也没有当年叱咤风云的廉将军。数年后，廉颇就在楚国黯然去世。这个结局，就是因为悼襄王轻信谗言，中了郭开的圈套。

悼襄王死了以后，他的儿子幽缪王即位，当时赵国最重要的将领是李牧。李牧早年在赵国北部边境防御匈奴，屡立奇功。后来秦国兴师伐赵，李牧受命于危难之际，扭转战局，大败秦军。有且仅有这么一位良将，赵王不仅不能信用，最终还让他死得不明不白，为什么？因为郭开还在。

秦王政十八年，即公元前229年，秦国以名将王翦挂帅，再兴灭赵之师。李牧率领赵军抵抗。面对劲敌，秦国施展了反间计，派人用重金收买郭开，让他设法在赵王面前诋毁李牧。郭开收受贿赂后，扬言李牧要造反。赵王居然轻易相信了郭开的话，派了其他将领到军前取代李牧，剥夺李牧的军事指挥权。临阵易将乃兵家大忌，更何况面对的是秦军这支虎狼之师，李牧当然拒绝接受这样的胡乱命令。结果赵王派去的人将李牧逮捕并斩杀，这就是所谓的"自毁长城"。第二年，秦军攻破赵国国都邯郸，赵国就此灭亡。这位亲信郭开的幽缪王也就成了赵国的亡国之君，做了秦军的俘虏。

郭开简直是秦国部署在赵国内部的间谍，他身为赵国臣民，没有在战场上为赵国杀过一个敌人，却有能力消灭赵国两大名将，是谁赋予他这么大能量？悼襄王轻信他而废弃廉颇，幽缪王轻信他而冤杀李牧。表面上看，是郭开替秦军搬开了战争的绊脚石，实际上真正替秦军清道的，是赵国两位国君。赵国国君若能明辨是非，不这么轻信武断，郭开这么个小人物怎能掀得起这么大的风浪？所以问题的关键还是赵王听断不明，没有掌握如何"听"的分寸。人君应该如何听断？作为领导者，应该如何处理传递到面前的各种信息？《资治通鉴》中有正面案例可供参考。

齐威王明听

战国早期，齐国有一位齐威王，为齐国的强大作出了巨大贡献。《资治通鉴》重点讲述了齐威王的一个故事，就与如何"听"有关系。当时齐国有两位大夫，一位是即墨大夫，一位是阿大夫。在齐威王身边，一直有人说即墨大夫的坏话，也一直有人说阿大夫的好话。但最后齐威王的举动非常出人意料。对于很多人讲他坏话的即墨大夫，齐威王给予重赏；有很多人讲好话的阿大夫，反而被齐威王所杀。为什么齐威王的行为和身边人提供的信息是相反的？

齐威王在召见即墨大夫的时候说："自子之居即墨也，毁言日至。然吾使人视即墨，田野辟，人民给，官无事，东方以宁；是子不事吾左右以求助也！"大意是说："虽然有很多人说你坏话，但我派人去你管理的即墨看了，农业生产搞得很好，老百姓丰衣足食，地方上安宁无事。这说明你是实干派，没有使用贿赂我身边人的手段来求得声誉。"接着齐威王就重赏了这位即墨大夫。齐威王又召见阿大夫，对他说："自子守阿，誉言日至。吾使人视阿，田野不辟，人民贫馁。昔日赵攻鄄，子不救；卫取薛陵，子不知。是子厚币事吾左右以求誉也！"大意是说："从你做了阿大夫之后，每天都有人来说你的好话。但我派人视察了你管理的地方，农业凋敝，民生艰难。赵国曾经攻打你附近的鄄城，你却不救援；卫国侵占了你附近的薛陵，你甚至都不知道。这么不称职的地方官，为什么还有那么多人说你好？显然你是收买了不少我身边的人来邀誉。"于是齐威王把阿大夫给烹了（就是放在大鼎里煮，是一种古代的酷刑）。

《诗经》里有句话："无信人之言，人实诳女。"不要轻易相信别人的话，别人很可能是在骗你。又有句俗话叫"耳闻为虚，眼见为实"。大家看齐威王如何处理这些信息，对于传到耳边的信息，齐威王一概不轻信。无论身边的人怎么评论即墨大夫和阿大夫，都要另外派人查个究竟。对于阿大夫的判断，更为严谨，除了派人视察田地和人民的生活状况之外，还把阿大夫处理邻国纠纷时的表现结合在一起考察，得出阿大夫徒有虚名、并无实干的结论。对于齐威王处理信息的手段，我可以用一个词总结：明听。人们常说"耳聪目明"，耳朵好叫聪，眼睛好叫明。齐威王对于用耳朵听到的信息，还要用眼睛去查证，以求得到正确结论，故而可以称之为"明听"。这和之前提到的赵国国君轻信郭开截然相反。所以赵国国君不能"明听"而亡国，齐威王善于"明听"，分别对即墨大夫和阿大夫给予赏罚，收到了良好的效果，"于是群臣悚惧，莫敢饰诈，务尽其情。齐国大治，强于天下"。

齐威王明辨是非的举动，给齐国的大臣们都敲了一记警钟。从此，大臣们再也不敢用不正当的手段邀买名誉，而是踏踏实实地做出政绩。于是齐国得到了治理，成为天下强国。

第二卷

楚汉相争：刘邦的优胜之处

刘邦的成功：虚己容人

"三大法宝"

司马光认为，一名君主在驾驭部下或治国的时候，需要掌握三大法宝，这是成就大事业最重要，也是最锐利的三项工具。哪三大法宝呢？司马光说："臣闻致治之道无它，在三而已：一曰任官，二曰信赏，三曰必罚。"想把国家治理好，并没有其他什么复杂的方法，就在于三条：第一，为每个岗位挑选合适的人，并能让他们忠于职守；第二，对于做得好的人，一定要给予合适的奖赏；第三，对于做得不好的人，一定要给予必要的惩罚。

司马光这段话讲得非常浅显易懂，并没有太深奥的语言和过于曲折的论证逻辑。仔细想想，他也的确把带领团队、治理国家最基本的要点总结到位了。关键在于，在具体的实施过程中把它们落实，并不是件简单的事。看起来很简单的三个道理，

《资治通鉴》所记述过的绝大多数帝王，乃至于说绝大多数领导者都做不好。在《资治通鉴》的前几卷里，有一位非常成功的政治人物，在这三个问题上做得比较成功，可以作为正面案例予以分析。这位成功人物就是大名鼎鼎的汉高祖刘邦。看楚汉相争，分析刘邦、项羽成败的角度有很多，以司马光提出的三大法宝为线索来分析这段广为人知的历史，非常有意义，从中可以学到很多东西。

刘邦的历史形象比较糟糕，这在司马迁的《史记》里已露端倪，元代有一首题为《高祖还乡》的曲子，简直把刘邦说成一个明抢暗偷、欠债不还的无赖，最后一句："只道刘三，谁肯把你揪捽住，白甚么改了姓、更了名、唤做汉高祖！"极尽文学讽刺之能事。但不管如何，刘邦是一个有巨大历史影响力的人物，他的成功并非纯粹靠运气，在这个"无赖"身上，有很多可圈可点、在今天仍然值得学习的地方。

刘邦消灭项羽，成功称帝之后，曾和手下的文武大臣们一起讨论自己成功、项羽失败的原因。大臣中有人说："陛下使人攻城略地，因以与之，与天下同其利；项羽不然，有功者害之，贤者疑之，此其所以失天下也。"大意是说，对于有战功的人，刘邦都能给予恰当的奖励，不独占胜利果实。项羽则恰恰相反，有功的人遭到他的迫害，贤能的人遭到他的猜忌。所以这两人一成一败。

　　这段话其实涉及司马光总结的三大法宝中的第二条：信赏，对有功的人不吝啬，能奖励。对大臣们的这个看法，刘邦并不否认。但刘邦认为，他之所以能成功，更为重要的原因还不在这里，所以他说持这一意见的大臣只知其一，不知其二。刘邦认为自己成功更重要的原因是什么？他说："夫运筹帷幄之中，决胜千里之外，吾不如子房；填国家，抚百姓，给饷馈，不绝粮道，吾不如萧何；连百万之众，战必胜，攻必取，吾不如韩信。三者皆人杰，吾能用之，此吾所以取天下者也。项羽有一范增而不能用，此所以为我禽也。"刘邦认为自己之所以能成功，最重要的因素是能用人。足智多谋的张良，长于治国的萧何，能征善战的韩信，都是一代人杰，这三个人都能为刘邦所用。项羽身边有一个非常有谋略的范增，但对于范增很多关键性的建议，项羽并不听从，最后还对范增产生了疑心，把范增气走了。和刘邦相比，项羽那是相当不会用人，所以最终走向失败。刘邦的这段自我总结，就涉及司马光提出的三大法宝中的第一条——任官，也就是懂得用人。

　　在刘邦君臣的这段成败总结对话中，体现出刘邦战胜项羽之道，符合司马光提出的三大法宝中的两条：任官与信赏。那么司马光如何看待刘邦的成功呢？在司马光看来，刘邦最值得一提的，莫过于善用人，这和刘邦的自我认识高度一致。司马光说："高祖奋布衣，提三尺剑，八年而成帝业。其收功之速如

是，何哉？惟其知人善任使而已。"刘邦来自社会底层，仅仅
八年时间，就从一介布衣变成一位皇帝，成就开创汉帝国的大
业，为什么他的成功会这么迅速？最大的原因不过是知人善任
罢了。

任用陈平

谈到刘邦用人的"代表作"，莫过于大家熟知的"汉初三
杰"：萧何、张良、韩信。这在刘邦的自我总结中已经提到。
这三个人各有特长，而且都非常杰出。可以说萧何是当时最优
秀的后勤部部长，张良是最优秀的谋士，韩信是最优秀的军事
家。把刘邦放到他们任何一个人的岗位上，都不可能胜任。以
作战为例，刘邦自己率军和项羽对阵，败多胜少，很多次都被
项羽打得很狼狈。但最终胜利的是刘邦，而不是项羽，关键在
哪里？正如韩信对刘邦所说："陛下不能将兵，而善将将。"直
接率军打仗，不是刘邦的强项，但他能控制、指挥那些优秀的
将领。所以，在后勤管理方面，刘邦比不上萧何；在谋略策划
方面，刘邦比不上张良；在排兵布阵方面，刘邦比不上韩信。
但刘邦能成为最大的赢家，从驾驭人才这点上看，当时无人能
望其项背。

除了三杰之外，我还能找到很多其他例子，比如当时另一
位著名谋士陈平。在投奔刘邦之前，陈平先后在魏王咎、项羽

手下效力，或是得不到重用，或是因事得罪，后来逃到刘邦这儿。刘邦和他一通长谈之后，觉得这个人可以重用，不仅任命他为都尉，还让他出入和自己坐同一辆车子，命他监护诸军。所谓监护诸军的职责，应该是平时监督、协调各部，并负责选拔武将，权力不小。

刘邦的很多老将非常不服气，一个降将凭什么享受这么高的待遇？随着陈平越来越受到刘邦倚重，老将们终于忍不住了，派出周勃、灌婴作为代表，直接跑到刘邦面前投诉，说陈平这个人太坏了，他来投奔之前品行就很差，来到这里之后，刘邦任命他监护诸军，他就利用职权公开向各位将领索贿，凡是给钱多的就能得到好差事，给少的就摊上脏活累活。为了说服刘邦，老将们一再强调陈平是降将，先后服侍过魏王咎和项羽，无路可走才来投奔，不是刘邦的嫡系，因为重用他而使嫡系部将受委屈，是不值得的。

接到这样的投诉之后，刘邦也有点想法，就把陈平叫来责问，说："你来我这里当差，怎么尽干索贿受贿的事？之前你跟着魏王和项羽，都没有遇到好的发展机会，是不是因为你自己行为不检点啊？"陈平回答说，魏王和项羽不能用人，他是仰慕刘邦的知人善任才来投奔的。至于索贿受贿这件事，陈平很直爽，毫不否认，但他给出了一个理由："臣裸身来，不受金无以为资。诚臣计画有可采者，愿大王用之；使无可用者，金具在，请封输官，得请骸骨。"陈平的意思是说："我来投奔你的时候是赤条条来的，身无分文，如果不想办法弄点钱，不够开销啊。你现在为什么用我？就是看中我的谋略，希望我给你出力。如果我的谋略可用，那你就继续用我；如果你觉得我这个人不可取，那我收受的金钱都还在，全都还给你，然后我也就告辞回老家了。"

刘邦一想也对，陈平虽然不够廉洁，在行为上有些小瑕疵，但关键是这个人有大才，他的谋略是现阶段团队很需要的，要用他的才，就得容忍他的瑕疵。所以现在肯定不能惩罚陈平，一惩罚他就跑了，替别人出谋划策去了。不过老部下们纷纷来投诉了，表达了强烈的不满，如果自己不表态，这个矛盾还会继续存在下去，所以不闻不问也不行。既不能惩罚，也不能置之不理，那该怎么办呢？

刘邦最终解决问题的方案，的确体现出一位高层领袖的优秀素质。刘邦不仅没有惩罚陈平，反而升了陈平的官，任命他为护军中尉，还是负责监督、协调各部。刘邦通过这个举动，告诉那些不满的老将，这个人他是要重用的，只要陈平能帮助他们在夺取天下的道路上前进，就不要再对他有意见了。刘邦这是靠自己的威望把老将们不满的情绪压下去，达到消化矛盾的目的。当然，刘邦既要把老将们的情绪压下去，又不能造成他们太大的逆反心理，不仅需要足够的威望，还需要在其他方面让老将们得到补偿，这是题外话。在处理陈平的问题上，刘邦还有另外一招，就是不忘在物质上重重赏赐陈平。这一招也很厉害，陈平不是因为穷才去索贿受贿的吗？那就给他钱。刘邦虽然没有明说，但这个举动背后，应该是暗示陈平："经济上的问题，你以后该收敛的地方收敛一点，我可以给你补偿。"

之后，在楚汉相争最激烈的时候，刘邦问策于陈平，该如何击败项羽，鼎定时局。陈平给刘邦支了非常关键的一招：项羽所倚仗的也无非那么几个人，比如谋士范增、大将钟离眜等人，可以用反间计来瓦解项羽身边的核心力量，使得项羽失去支柱。但这件事要花钱，该收买的收买，该布局的布局，还得雇佣人来四处散布谣言，要通过各种手段，让项羽对最重要的部下起疑心，瓦解、分化他们。那得花多少钱？陈平说要"数万斤金"，这当然是非常庞大的数目。对于陈平这样一个在经济上犯过错误、名声不太好的人，刘邦给他数万斤黄金，让他办事，这不是让老鼠跳进米缸里吗？他到底是自己揣走的油多，还是拿出来办事的多？一般人恐怕都难免有这样的疑问。但刘邦不是一般人。对于陈平提出的计划，刘邦拍案称妙，大力支持，"乃出黄金四万斤与平，恣所为，不问其出入"。四万斤黄金啊，就这么给陈平了。即便陈平在经济上名声不好，但刘邦既然交给他办这事了，也毫无猜防之心，从不过问陈平这钱具体花哪儿了，只要能把事办好，让陈平放开手脚做事。这就是刘邦胜人一筹的地方。

　　事实证明，陈平的计划实施得非常成功，先是让项羽对他的大将钟离眛起疑心，后来又挑拨范增与项羽的关系，逼得范增离开项羽。在陈平的算计下，项羽的心腹手足，一个接着一个离开项羽，几乎让项羽变成了孤家寡人，为刘邦最终的胜利奠定了基础。有了这样的结果，再从刘邦的立场上来看问题，四万斤黄金都花哪儿了重要吗？不重要，只要陈平把事办漂亮，能达到击垮项羽的目的就可以了。对刘邦来说，一定要始终清醒地意识到，自己最大的目标是要消灭项羽，而不是看住这四万斤黄金。如果吝惜四万斤黄金，不让陈平放手去干，最终让项羽胜利了，那有再多的黄金又有什么用呢？因为吝惜、贪图一些小利，而看不清最终的大目标，因而在激烈的竞争中错失良机，乃至于走向失败，是很多团队领导者犯过的错误。刘邦对陈平放心大胆地任用，的确值得很多在领导岗位上的人认真学习。

用人的奥秘

　　刘邦知人善任，在当时已经是很多人的共识。比如张良，在遇到刘邦之前，曾向很多义军领袖兜售过自己的智谋，但没有一个人把他当回事。遇到刘邦之后，刘邦对张良言听计从，这使得张良发出了"沛公殆天授"的感慨，意思就是说刘邦天纵英明，他的很多思想别人理解不了，只有刘邦能理解，所以从此以后张良开始跟随刘邦。

知道刘邦善用人，只是拥有了一个历史知识。若要以史为鉴、古为今用，就得知道这些人杰能为刘邦所用的关键在哪里。在这里，我想以粗浅的见识简单总结四点。

第一，要懂得"虚己"。一个觉得自己样样都行，总对别人不放心的领导，一般都不是好领导。这样的人往往喜欢以自己的标准去衡量别人，别人要么是长了，要么是短了，很难符合他的标准。但这种人在生活中又是常见的，从招聘钟点工的家庭主妇到管理大企业、大单位的领导，都有这号人物。这样的人做领导，不仅凝聚不了人才，甚至很难发现人才，因为别人在他眼里都是不行的。只有把自己放下，虚心接纳别人的时候，才能发现别人的优点和长处，才能把具有不同特长的人放到各自合适的岗位上，然后再把他们拧成一股绳，把整个团队往前拉。《老子》里有一段话："三十辐共一毂，当其无，有车之用；埏埴以为器，当其无，有器之用；凿户牖以为室，当其无，有室之用。故有之以为利，无之以为用。"毂是车轮中心的圆孔，可以用来插车轴。这段话的意思是，毂之所以可以用来插车轴，正是因为它是中空的。放开了讲，小到一个杯子一个碗，大到一辆车子一栋房，它们之所以有用，不是因为它们都是实实在在的，恰恰是因为它们内部都是空的。只有当内里是空的时候，才能往里装东西。做领导的道理也一样，要做"虚心"领导，不要做"实心"领导，别时时刻刻想着自己有多大能耐，事事靠自己是不行的，要善于在意识中虚化自己，多留心思发现别人的长处，帮他们找到合适的岗位，让他们把长处发挥出来。所以要学会把岗位留给更适合的人，而不是处处插手具体事务，这和之前提到的田子方对魏文侯所说"君明乐官，不明乐音"的道理其实一样。

从刘邦的成功来看，"虚己任人"这点非常关键，但这件事说起来容易，落实起来并不容易。比如被刘邦打败的项羽，韩信评价他说："项王喑噁叱咤，千人皆废，然不能任属贤将，此特匹夫之勇耳。"韩信说项羽只会逞匹夫之勇，而不知道任贤用能，所以不足为惧。但大家不要忘了，项羽这一辈子也有很多了不起的功绩，从破釜沉舟击败章邯开始，一步步走向万人景仰的西楚霸王，这是一般人干得了的吗？刘邦能打败他，但不是一般人都能打败他，很多把他的失败当作笑话看的人，真要做起事来，远远不如他。我们应该认识到，项羽本身也是一个非常了不起的人，但这么一个人还是做不到虚己任人，这成为他最终失败的重大原因之一。不是因为项羽太弱，而是因为要真正做到虚己任人太难。所以对于能否知人善任与刘项成败这个问题，仅仅知道故事是没用的，更需要的是反复咀嚼，深入思考，不停地反省、纠正自己。

第二，海纳百川，不问出处。刘邦起事后，重用萧何这样的老朋友，可能还不能完全体现他善于用人。因为萧何也是沛县人，和刘邦不仅是同乡，而且两个人在微贱的时候就交情不浅。张良的情况与萧何完全不同。张良的祖、父两代人都是战国时期韩国的相国，和出生在南方楚国基层社会的刘邦八竿子打不着，他受到刘邦的信任却并不亚于萧何，这是刘邦善于用人更好的证明。更能说明问题的是韩信、陈平这些人，他们都曾在项羽手下当差，最后都是在刘邦这里获得了伸展抱负的机会。陈平在投奔过来后，他的降将身份一再受到刘邦旧部的质疑，但刘邦不为所动，只要是人才，不问出处，不分亲疏，一视同仁。

反观项羽，就做不到这一点。陈平点评项羽用人说："项王不能信人，其所任爱，非诸项，即妻之昆弟，虽有奇士不能用。"项羽所能信任、重用的人，始终停留在项氏本家或他的妻族。除此之外，即便是身怀绝学的奇士，也不能加以信任重用。所以很多帮刘邦争天下的人，起先都在项羽手下待过。由于项羽用人渠道狭隘，很多奇士都流动到刘邦阵营，刘项之间的强弱对比也因此发生了变化，项羽由强变弱，刘邦由弱变强。

第三，要能容忍。金无足赤，人无完人。有很明显的长处，也有很明显缺点的人是常见的。当你决定用他的长处时，他的短处如果没有影响到整体目标，就应该适当予以容忍。古语云：

"水至清则无鱼，人至察则无徒。"以陈平为例，如果刘邦追究陈平的经济问题，最后楚汉相争的结局还会不会是那样，就很难讲了。

第四，要做到用人不疑。我们常听说一句话："疑人不用，用人不疑。"怀疑的人、不信任的人不要用，既然用了就不要怀疑。做到疑人不用并不难，真正难的是用人不疑。当你决定任用一个人，也就意味着你把自己的一部分或者全部托付给了这个人，他的行为会影响到你的利益甚至生命。此时，作为一名领导人必须过两道硬关：一是自己的心，二是别人的话。首先是自己心里放不放得下，想清楚用一个人之后，会不会再疑三惑四。其次是是否经得住闲言碎语的考验，会不会被杂七杂八的声音诱导。还是以陈平为例，如果老将们纷纷来投诉陈平的时候，刘邦扛不住压力，或是后来陈平提出要用数万金来实施反间计的时候，刘邦放不下心里的疑惑，都有可能改变后来楚汉相争的结局。从陈平的事例来看，刘邦的过关成绩不错，这是常人所不及的地方。

前面总结的用人四法则，我个人认为第一条"虚己任人"和第二条"不分亲疏"尤其重要，刘邦和项羽也正是在这两点上分的高下。本章所讲，只是三大法宝中的第一宝：任官。司马光提出的后两宝信赏与必罚，在刘项的成败中是否有体现，留待下一章继续分析。

雍齿受封：赏罚公平

刘邦和项羽的差别

刘邦知人善任，做到了司马光所谓"三大法宝"的第一项：任官。任官之后，就需要对每个岗位的工作绩效作出考核。做得好的要给予奖赏，是谓"信赏"；做得不好的要施加惩罚，是谓"必罚"。所以司马光所说的三大法宝"任官""信赏""必罚"，看上去是三个问题，实质上是一件事过程中的三个不同步骤，相互之间有逻辑关系。以司马光的眼光来观察楚汉相争中刘邦胜利、项羽失败的原因，可以从"信赏""必罚"两个方面找到答案。

在争霸过程中，通过奖励有功之臣来引导更多的人建立功勋，是常用手段，也是基本内容。在这个问题上，刘邦和项羽之间有显著区别：一个慷慨，一个吝啬。在当时就有很多人注意到了这点。比如韩信对项羽有一句评价："项王见人，恭敬慈爱，言语呕呕，人有疾病，涕泣分食饮；至使人，有功当封爵者，印刓敝，忍不能予。"项羽平时待人，看上去很和气很慈祥，言语也温和。甚至看到有人生病的时候，会为之流泪，把自己的饮食分给病人。这些小地方做得很到位，但一到关乎大局的节骨眼上，就不是那么回事了。每当属下立了功，该封赏的时候，他经常会拿着该给立功者的爵印在手里抚摸，舍不得给，印角都被摸得磨损了，还不肯放手。这个典故形容项羽为人小气，只肯施舍小恩小惠，没有共享的心胸。后来很多人对项羽不满，并离开项羽的阵营，和他的这一特性有极大关系。

刘邦在这方面的作为恰好和项羽相反，该封赏的时候并不吝啬，所以能巩固人心。在楚汉相争的过程中，韩信曾帮助刘邦平定山东一带的齐国故地。当时刘邦自己被项羽的大军困住，处于劣势。这种情况下刘邦收到韩信的一封信，说齐国这块地方很难管理，请求刘邦立他为"假王"，用今天的话来说就是代理齐王，以镇服齐国故地。刘邦看完信后大怒，因为当时汉军与楚军对阵，战况不利，盼着韩信早点来援救，韩信却趁机要挟，名义上是要刘邦封他为"假王"，实际上就是想要齐国这块地做齐王。当刘邦对着信使破口大骂的时候，张良和陈平赶紧悄悄踩了刘邦的脚，对他说："现在形势不利，还指着韩信给我们出力呢，不如顺水推舟封他为王，以让他继续为我们效力为上策。"刘邦反应非常快，一听有理，要是舍不得封这个王，把韩信推到对立阵营里去，那就得不偿失了。于是嘴上仍然骂骂咧咧，但话锋一转，说道："大丈夫要做就做真王，做什么假王。"他让张良亲自带着齐王的印鉴去见韩信，封他为齐王，然后征调他的部队向楚国发动进攻。

虽然刘邦很不痛快，但还是满足了韩信的封赏请求。所以刘邦成功之后和大臣们总结成功原因，几位大臣将刘邦和项羽做过这样的对比："陛下使人攻城略地，因以与之，与天下同其利；项羽不然，有功者害之，贤者疑之，此其所以失天下也。"虽然刘邦表示自己最成功的是用人，不吝封赏尚在其次，但这段话留给我们一些思考空间。大家注意说这话的是谁？是刘邦的功臣们。这些功臣在思考刘邦何以成功的时候，为什么最容易想到的是刘邦的慷慨封赏？说明他们平时最关注的其实就是这个问题。这也很容易理解，他们刀头舐血，出生入死，不就是用生命博取富贵吗？从战场上九死一生下来，运气好的话能立点功，如果不能换回一些封赏的话，这日子还有什么奔头？无论刘邦还是项羽，他们的追随者都是这个心态。如果不能摸准这种心态，用恰当的手段笼络住这些人，当然很难带好队伍。

刘邦的本性

熟悉楚汉相争历史的人也可以从另一个角度对刘邦作出评

价：刘邦比项羽狡猾。待人之道因爱憎、亲疏等原因而存在差别，这毕竟是人的本性。像刘邦这样聪明的人，在权力斗争中又处于劣势，由于战争年代的激烈竞争，碍于情势而矫情自饰，不分亲疏爱憎慷慨施赏，容易做到。一旦到战争结束，没有强大敌手的时候，刘邦的本性也就暴露出来了。

无论赏罚，第一个标准是要公平。刘邦在称帝之后论功行赏，第一批得到封赏的有二十余人。这次封赏应该没能贯彻公平原则，除了名声、功绩比较大的几个人之外，封赏范围集中在平时与刘邦比较亲近的人群里。所以才有了接下来的这个小故事。

刘邦经常远远见到很多将领聚集在一起谈论什么，他就问身边的张良是怎么回事。张良的回答有点危言耸听，他说："陛下不知乎？此谋反耳！"意思是说："你难道不知道吗，他们是在商量造反啊。"刘邦感到很奇怪，天下刚刚平定，为什么要造反呢？张良的回答，其实是故作危论以引起刘邦的注意，接下来张良顺势向刘邦讲述了这样一番道理："陛下起布衣，以此属取天下；今陛下为天子，而所封皆故人所亲爱，所诛皆平生所仇怨。今军吏计功，以天下不足遍封；此属畏陛下不能尽封，恐又见疑平生过失及诛，故即相聚谋反耳。"刘邦本来也是一介平民，靠着这些人夺得了天下，但在称帝之后，所封赏的都是故旧亲交，平时跟刘邦有点仇恨的，都受到惩罚乃至于被杀戮。现在这些人，生怕得不到封赏，而且其中有些人可能平时得罪过刘邦，又怕被他诛戮，所以为了谋条生路，他们就聚集在一起谋反。

这些将领聚集在一起讨论封赏的事，对刘邦只封赏亲近的人表示不满，可能是事实，但应该不至于像张良说的那样。张良是想借这个机会促使刘邦下定决心，对所有将领一视同仁，该封赏的尽快封赏，所以不惜危言耸听来打动刘邦。

刘邦听了张良的回答，心里发毛，赶紧问张良该怎么办。张良问刘邦："众所周知跟你关系最差的人是谁？"刘邦说是雍齿。在刘邦发达之前，雍齿经常仗着武力羞辱刘邦。后来刘邦起事，命雍齿镇守丰地，雍齿还是看不起刘邦，觉得他成不了气候，所以就连人带城投降了另一位诸侯。他后来又重新被刘邦收服，归到刘邦部下。由于之前的这一系列恩怨，刘邦一直不待见雍齿，这是众所周知的事情。张良对刘邦说，赶紧先给雍齿封赏，大家一看连雍齿都能受封赏，就不会再为自己的命运担忧了，人心自然安定。刘邦按照张良的建议，封雍齿为什方侯，然后命令相关人员尽快确定各位功臣的功绩大小，以便封赏。众将一看连雍齿都封了侯了，就知道肯定少不了自己的，此举果然达到了稳定人心的目的。

这是汉初非常著名的一个故事。对这件事，司马光有一条评论，他说："盖以高祖初得天下，数用爱憎行诛赏，或时害至公，群臣往往有触望自危之心；故良因事纳忠以变移帝意，使上无阿私之失，下无猜惧之谋，国家无虞，利及后世。"刘邦刚开始得到天下的时候，多次根据自己的爱憎来施行赏罚，没有赏罚的客观标准，不能遵守公平原则，所以很多大臣产生了失望、怨愤的心情。张良能因势利导，以现实利益为诱饵改变刘邦的主意，使得刘邦在封赏的过程中能不阿私、不徇情，做到赏罚公平。这样下面的大臣们也就没有了猜疑、恐惧的心理，使得上下相安，有利于国家稳定，这是利及千秋万世的大功德。

司马光这段话，除了表彰张良有智慧、能直言之外，还有更深的政治思想内涵，揭示了一项重要的治国原则：赏罚是公器，可以划归"大法治"范畴，而不是君主的私恩。最高级的赏罚，比如封赏功臣，往往由君主主持、定夺，但如果一位君主就此认为在赏罚过程中可以为所欲为，可以凭自己的好恶左右赏罚结果，那就大错特错了。为什么要赏，为什么要罚，赏多少，罚到什么程度，都是有标准、有规矩的，有时候这些标准、规矩甚至以法令的形式得到体现。臣民受赏，是因为他有功，符合受赏的法令。封赏由君主来施行，是因为君主有论功行赏的职责和权力。但这并不意味着，给予臣民的赏罚是君主的私人恩典。所以赏罚是公器，君主应该遵守赏罚的标准和规矩来施行赏罚，而不能因私意、好恶擅自决定。君主的个人爱憎应该受到约束。

请大家注意，司马光提出的三大法宝中，对有功之臣的封赏，为什么称之为"信赏"？这个"信"字如何理解？其实可以把用功劳来换取封赏，看作是团队带领者和团队成员之间的一种契约，有功就有赏，这是团队领导者必须遵守的信用。战争年代的酬赏功臣，项羽的信用度不及刘邦。战争结束之后，刘邦暴露出了无赖本性，以个人喜怒破坏功赏契约，受到了张良的批评。

刘邦封赏雍齿的故事，《史记·留侯列传》也记载了。《资治通鉴》对这件事的叙述主要依据的就是《史记》。但这个故事到底说明什么道理，尤其是从治国的角度看，应该从中吸取什么教训，《史记》中并没有直接表达出来。司马光在《资治通鉴》里通过一段评论把这个道理给点透了。对同样的历史故事，如果是本着学习领导艺术、领导智慧的目的阅读史书，为什么应该选择《资治通鉴》的道理就在这里。

信赏的标准

追随刘邦打天下的人很多，各自扮演的角色也不同，以什么标准来评定功劳大小，是一个问题。如果单纯论战功，对刘邦来说掌握公平法则并不难，只要抛开个人恩怨与亲疏关系，以战场上的拼杀功绩为依据。问题是，战争是否只需要拼杀？单纯地依据每位将领攻下过多少城池、受过多少战争创伤来评定功绩，是否就能达到公平封赏的效果？这才是难题。

经张良劝导后，对刘邦来说，做到信赏已经不是问题，接下来要接受的考验，是能否真正理解他的这些老部下各自工作的真正价值，而给予恰当的封赏，而不是按照某些简单标准搞一刀切。事实证明，刘邦在这方面的表现也可圈可点，典型案例是对萧何功劳的认定。

刘邦最初封赏的二十余人当中就有萧何，史称："萧何封酂侯，所食邑独多。"刘邦封萧何为酂侯，食邑八千户，就是这八千户人家每年缴纳的税收就归萧何了。这个封赏比很多追随刘邦多年的名将都要高，比如为人熟知的樊哙、郦商、周勃、灌婴这些人，他们都和萧何同日受封，丰厚程度却远不如萧何。这些人非常不服气，纷纷质疑："臣等身被坚执锐，多者百余战，小者数十合。今萧何未尝有汗马之劳，徒持文墨议论，顾反居臣等上，何也？"他们这些人都是身经百战，出生入死，萧何从未上过战场，只是舞文弄墨，发发议论而已，他受的封赏凭什么比他们的多？

刘邦回答道："你们知道吗，打猎的时候，负责追逐猎物的是猎狗，但向猎狗发指令的是猎人。你们攻城略地，就好比是追逐猎物的猎狗，萧何正是发布指令的人。你们是有功的猎狗，萧何是有功的猎人，所以他当然排在你们前面。"

刘邦这番话讲得非常到位。当初刘邦率军攻入咸阳，大多数将领都急于抢夺秦朝宫殿里的金银珠宝，唯独萧何忙着收集地图版籍和律令条文。后来刘邦和项羽争夺天下，依靠萧何搜集的这些地图版籍，对战略要塞的地理形势、天下户口分布、地域间虚实贫富差距了如指掌。萧何最大的长处是治理文书，搞内政建设。刘邦和将士们在前线拼杀，萧何稳固后方，供应粮草，补充兵源。由于萧何的努力，刘邦不仅没有后顾之忧，而且在他多次失败之后，亏得有萧何经营的大后方，才有东山再起的可能。说萧何是那个时代最好的战略物资部部长或后勤部部长，都属于把萧何的功劳说小了。在萧何这些了不起的功绩背后，是他整体的治国理念。所以刘邦把萧何比作狩猎过程中发令的人，而诸多武将只是追逐猎物的猎犬，比喻非常恰当。

在基本的封赏完成之后，刘邦又提出要给十八位最重要的功臣排名次。很多人都认为曹参应该排在第一位，理由是曹参"身被七十创，攻城略地，功最多"。曹参因为积极作战，在战场受过的伤一共七十多处，是所有将领中最多的，以作战次数和作战功绩来说，曹参累计排名第一，所以排定功臣位次时，曹参应该排第一。

当时有一个叫鄂千秋的人，对这种意见进行了反驳。他说，战场冲杀都是一时之功，在楚汉相争的过程中，刘邦曾多次失败，是靠萧何从大后方补给有生力量，才能屡败屡战，重整旗鼓；刘邦也曾多次面临断粮，多亏有萧何在后方转运粮草；刘邦曾多次失去地盘，幸好有萧何经营关中地区作为大后方，才不至于失去立足的根本。所以从整体来看，在建立汉朝的过程中，具体战役多胜一仗少胜一仗，未必影响最终结果，萧何把握的是大方向，始终确保刘邦有屡败不倒的深厚根基，这才是万世之功。一时之功怎能和万世之功比？所以鄂千秋说，应该让萧何排第一，曹参排第二。刘邦很认同这一观点，最终确定萧何功劳第一，并给他增加了二千户食邑，这样萧何的食邑由原先的八千户增长到了一万户。

值得一提的是，刘邦在肯定萧何为第一功臣的同时，也给为萧何辩护的鄂千秋封了爵，封为安平侯。刘邦说，萧何功劳的确高，但这些功劳很难被那些只重战功的人理解，由于鄂千秋的陈词，萧何的价值得到更明确的体现，所以鄂千秋也有功。刘邦能深刻理解萧何的价值，体现出他作为一名优秀领导人的卓越见识。

必罚：刘邦诛丁公

刘邦称帝后，封赏功臣的行动正在进行，这时候出现了一位曾经救过刘邦一命的人。按理说这人应该得到刘邦的高额回报，但出人意料的是，刘邦不仅没有赏他，反而把他给杀了。这究竟是怎么回事？

这位曾经救过刘邦的人名字叫丁固，在《资治通鉴》中以"丁公"的称呼出现。丁公之前是项羽的部下，刘邦曾与项羽在彭城一带交兵，被项羽打得很惨，丁公就是项羽派出追击刘邦的追兵。丁公带着小股部队把落荒而逃的刘邦追得很窘迫，最后追上并短兵相接了，狼狈之际，刘邦开口向丁公求饶，说："两贤岂相戹哉！"这里的两贤，刘邦是指自己和丁公两个人。刘邦说，他们两个都是贤人，贤人难道也要为难贤人吗？意思就是希望丁公英雄惜英雄，放他一条生路。不知道丁公听到名动天下的汉王刘邦称他为贤人的时候是什么心情，估计是挺高兴的，所以竟然收兵，把刘邦给放了。刘邦就此逃过一劫。问题是，丁公放走了刘邦，却并没有就此投效刘邦，而是继续在项羽手下供职。

在刘邦彻底消灭项羽之后，丁公来谒见刘邦，应该是想凭当年的放生之恩来向刘邦邀功讨赏。刘邦的处置结果，大概不仅丁公自己没想到，很多其他人应该也没想到。刘邦说："丁公为项王臣不忠，使项王失天下者也。"丁公作为项羽的臣下，却对项羽不忠，放走了项羽最大的敌人——也就是刘邦自己——使得项羽失去天下的罪人正是丁公。于是刘邦把丁公给斩了，并说："使后为人臣无效丁公也！"即给所有为臣不忠的人立个规矩，不要效仿他。

这件事引起很多人的议论，包括很多后代的史评家。楚汉对立之际，从项羽那儿跑过来投奔刘邦的人很多，韩信、陈平都是，刘邦不仅没有嫌弃，反而一一委以重任，怎么一轮到丁公就变脸了呢？这位丁公是犯了何方太岁，竟然如此倒霉，被自己救过的人恩将仇报？大家来听听司马光的解释。司马光说："夫进取之与守成，其势不同。当群雄角逐之际，民无定主；来者受之，固其宜也。及贵为天子，四海之内，无不为臣；苟不明礼义以示之，使为臣者，人怀贰心以邀大利，则国家其能久安乎！"司马光首先指出，战争年代与和平年代，赏罚尺度和手段有所不同。群雄逐鹿之际，良禽择木，良臣择主很正常，韩信和陈平这类人在项羽手下没有发展前途，所以跑来投奔刘邦。既然到了刘邦这里，就好好干事，不要再脚踩两只船，心怀二主。丁公的情况不同，他始终没有投奔刘邦阵营，一直是项羽手下，却私下放走项羽最大的敌人。在刘邦胜利后，又以此来向刘邦邀功，这是明显的脚踩两只船，说明他当年放刘邦的时候可能就想好了要为自己留后路，这和韩信、陈平的择主而事不是一回事。司马光批评丁公是一个"怀私结恩"的小人，他并不是干脆利落地跳槽，而为了自己以后多条路走，出卖了所在集团的当前利益。刘邦虽然蒙他救过一命，但对于这样的人，不能纵容，因为他可以出卖之前的东家，也可以在将来出卖自己。更何况，刘邦当时已经平定天下，这时候重要的是为后世立规矩，如果奖赏叛臣，则无以治后。所以司马光认为刘邦诛杀丁公是非常正确的选择，如果从三大法宝的角度看，这件事体现了刘邦对于不合格的臣子实行"必罚"的雷霆手段。

项羽的失败：自我反省

项羽的疑心

　　前两章从任官、信赏、必罚这三大法宝的角度，分析了刘邦的成功之道。这三大法宝总结起来，其实就是"用人术"。项羽之所以失败，很大程度上是因为在这三点上的做法与刘邦恰恰相反，我们可以举一个具体例子来说明。楚汉相争后期，陈平给刘邦谋划过一个非常重要的策略，以彻底击败项羽。策略的核心内容就是通过反间计来瓦解项羽的核心团队。事实证明，陈平的这个策略非常成功，项羽最重要的谋士范增，就是在反间计的作用下离开项羽的。

　　有一次，项羽派遣使者到刘邦的营中，陈平先派人准备了最高的礼节、最丰盛的美食"款待"这位使者。等把这些美食拿到使者面前的时候，陈平的手下又故作惊讶地说："啊，原来是项羽派来的使者，我们还以为是范增的使者，才准备了这么高端的礼节和食物，看来是我们弄错了。"于是又把仪仗和美食撤掉，换上粗糙不堪的食物来招待项羽的使者。

使者回去后，当然会把在汉营遭遇的情况一五一十地告诉项羽。项羽果然对范增产生了疑心，以为范增暗地和刘邦有什么勾当。当时正值项羽的军队把刘邦围困在荥阳城里，对于刘邦来说情况非常危急。这时候，范增建议项羽加强攻城力度，把荥阳拿下，不要放走刘邦。因为对范增有疑心，项羽连这样的建议都听不进去，怀疑范增出的主意背后有陷阱，所以不肯加紧攻城。

项羽对建议置之不理，使得范增非常生气。一开始范增还没弄明白，项羽怎么突然间不听他的了。因为项羽平时尊称范增为"亚父"，对他非常尊重，也非常倚重。后来范增得知，原来是项羽对他起了疑心，便感到非常生气，对项羽说："天下事大定矣，君王自为之，愿赐骸骨！"意思是说："看来天下大局已定，你也用不着我了，那你好自为之吧，我就留着这副老骨头，先回老家了。"范增就此离开了项羽，在回乡的半道上，因为背脊上毒疮发作而死。看来他是被活活气死的。

这件事，站在刘邦的立场看，陈平的计策很精彩，但站在项羽这边的立场来看，这是条毒计。但有句俗话叫"苍蝇不叮无缝的蛋"，陈平的计策再妙，也得有愿意中计的人。我在上一章提过，用人过程中，"疑人不用，用人不疑"是一条非常重要的原则。款待使者一事就使项羽对范增起了疑心，双方共事这么久，项羽对团队中的核心人物这么不信任，实在是太容易上当了。从这点看，项羽不失败那才是没天理。相比于刘邦，对陈平这样半路投奔过来的降将，尚且能重用不疑，可见项羽在用人术上的确逊了一筹。

君主之"明"

在关键时刻须用人不疑，这一点项羽还比不上一个小孩。《资治通鉴》中记载过一个十四岁小皇帝的决断事例，相比于项羽要高明许多。这个小皇帝就是西汉时期的汉昭帝。汉昭帝是汉武帝最小的儿子，继位时年仅八岁。汉武帝不放心这个小儿子，临终前把这孩子托付给四位亲信大臣：霍光、金日磾、上官桀、桑弘羊。这四人中，日后在政治上发挥作用最大的是霍光。霍光在工作上兢兢业业，很得汉昭帝信任。但这也造成另外一个问题，同样是顾命大臣的上官桀和桑弘羊，见霍光独揽大权，感到很不服气，想设计扳倒他。他们勾结了远在今天河北、北京一带的燕王，这位燕王是汉昭帝的哥哥，在政治上有想取代汉昭帝的野心。

计划好之后，上官桀命人以燕王的名义，写了封"举报信"，揭发霍光僭越不臣、图谋不轨。"举报信"陈述了霍光三条具体罪状，用以说明霍光居心叵测。第一条，霍光去长安城外检阅武备时，一路上以天子的规格清道，隔绝行人，这在古文中称为"跸"，天子出行，闲杂人等须回避，霍光出行居然也摆这种排场，而且还派遣主管天子膳食的太官先行，为霍光准备饮食。这一条说明霍光有僭越、不臣的迹象。第二条，霍光尽提拔那些和自己有关系，却对国家没有贡献，或贡献不大的人，说明霍光结党营私。第三条，霍光最近为自己的大将军府选调、增派校尉，也就是加强武装力量，这肯定是为谋反做准备。

霍光知道了这件事，心里打鼓，不知道皇帝会怎么发落。令霍光意想不到的是，汉昭帝召见了他，并直接对他说："朕知是书诈也，将军无罪。"汉昭帝说，他知道这封信是假的，将军没有罪。霍光反而感到很疑惑，问汉昭帝是怎么知道的。汉昭帝说："你检阅武备，就在长安城东都门外的广明亭，离宫廷这么近，若趁机选调校尉，来回也不过十天之内的事情。消息怎么会传得这么快，十天之内的事，远在燕国的燕王就能知道，而且还能派人送达这封举报信。可见这封信分明是假的，有人想诬陷你。"

这件事发生在元凤元年，即公元前80年，当时的汉昭帝年仅十四岁。他的分析头头是道，身边所有的官员都惊呆了，别看这皇帝年龄小，原来这么不好骗。我之前提到，司马光认为君主御下最重要的手段有三条：任官、信赏、必罚。相对应的，司马光还提出过君主自身所需具备的重要素质，也有三条：仁、明、武。

所谓"仁"，就是要施兴教化，安养百姓；所谓"明"，就是要有明辨是非的能力；所谓"武"，就是要有行之不疑的决断力。司马光称这三种素质为君主的"三德"。汉昭帝对这封举报信的判断，就属于典型的君主之明，对复杂的政治是非，具有明快、准确的判断力。

作为一名君主或高级领导人，事事能"明"，并不是件容易的事。古人有云："夫执狐疑之心者，来谗贼之口。"领导者多疑，对任用的属下不信任，就很容易被其他心怀各种目的的人利用，招来各种各样的谗言。这些人编造各种谣言，来诱发领导者的疑心，从而达到自己的目的，所伤害的，不仅仅是做事的骨干，还有整个团队。如果说汉昭帝不轻信诬陷霍光的举报，是明而不疑的典型，那么之前所介绍的，项羽轻易中了陈平的反间计，对共事了多年、对他帮助巨大的范增产生疑心，不正是"不明"的典型吗？

霸王的失败

除了用人时的疑心与失察，项羽在奖惩方面的表现也很差，该奖赏的时候吝于奖赏，该处罚的时候又不做处罚，比如放跑刘邦的丁公，没在项羽那儿领到"罚单"，他最终被刘邦所诛杀，相关内容我在上一章中已经作过介绍，不再赘述。这一章要谈另一个话题：项羽对于自身的缺点是否有清晰的认识？他最终知不知道自己失败在哪里？他到底有没有形成自我认识能力、自我反省能力？

关于项羽是如何认识自己的这个话题，可以从这位一代名将的最后一战说起。项羽的最后一战，就是著名的垓下之战。这一战中，项羽的大军彻底被瓦解，自己被汉军重重包围，最终兵败身死。这是中国历史上最著名的战役之一，"四面楚歌""十面埋伏"等成语，就源自这场战役。

被汉军包围之后，项羽的千军万马突围出来的时候只有八百骑。其间又有逃亡、战殁的，最终跟在项羽身后的，只剩下二十八骑。项羽和楚军最后的二十八位骑士，被汉军数千名骑兵团团包围在一处山脉高地上。项羽知道，这一劫是躲不过了，英雄末路，黯然神伤。但西楚霸王毕竟是西楚霸王，面对如此惨淡的结局，并没有缴械投降，明知攻必败、战必亡，依然豪气冲天地对这至死效忠于他的二十八位骑士说："今日固决死，愿为诸君快战，必溃围，斩将，刈旗，三胜之！"项羽的大意是说："今天当然是要决一死战，我给大家来次痛快的，我们虽然只剩几个人，只要大家听我调度、分派，一定能突围，并且斩杀汉将、砍断汉军大旗，而且我有把握这样反复胜他们三个回合。"

于是项羽把二十八骑编排成四队，分别面朝一个方向，事先约定各队分别从四面往下冲杀，突围之后到这座山的东面集合。但四队人马不能集合到一块，因为汉军一定会再次追上来，一旦突围的人马集合到一块的话，又会被汉军团团围死，所以约定四队人马分别在三个不同的地方集合，分散汉军的注意力，这会让汉军摸不透项羽到底是在哪一处，就可以趁汉军调度未定的时候，再次突围。即使只剩二十八骑，项羽仍然调度有方，章法不乱，和指挥千军万马一样，有勇有谋。

安排好后，项羽大声疾呼，率先冲下，史书上说"汉军皆披靡"。"披靡"的本意，是指草木经不起风吹而散乱，在这里就是形容汉军将士被项羽的气势吓倒，不战而溃。项羽顺势斩杀了汉军一名将领，汉军的另一名将领，看到项羽怒目大呼的形象，连人带马都受到惊吓，连逃数里地才敢停歇。于是项羽率领的二十八骑，第一次突围成功，如约在山东面不同的三个地方重新聚合。

汉军果然分不清楚项羽到底在哪一处。但汉军毕竟在人数上占绝对优势，于是马上将队伍分为三支，分别将这三个地方层层包围。这次项羽这边的人马，就从三处分别突围，然后又聚集在一起。在这个过程中，项羽再发霸王之威，疾驰而下，斩杀汉军一名将领和近百名士兵。经过激烈的两次突围拼杀，项羽的人马再次聚集之后，检点人数，只损失了两名骑士。这证明项羽的将略调度没有问题，非常正确。所以项羽非常得意地问这些手下自己的战略怎么样，骑士们纷纷拜伏。

但有句俗话叫"猛虎难敌群狼"，再精湛的将略调度，也架不住数百倍的敌人一次又一次的追击、合围。项羽毕竟只剩下屈指可数的二十几个人，汉军源源不断地涌上来，哪怕是一个一个地消耗，项羽也不可能这样一直撑下去。接着，项羽命令部下下马步战，在击杀数百名汉军将士后，项羽自己也身负十余处创伤，不堪再战，最终自刎而死。一代英豪，落得个非常凄怆的结局。

项羽在只剩下二十八骑，明知没有任何希望的情况下，为什么还要精心地排兵布阵，一显高明的战法？除了宁可战死也不苟且偷生的豪气之外，项羽还想通过这个行为证明什么？其实在突围之前，项羽就明确地对属下说过，要借助这最后的机会，来做一次自我证明。项羽说："吾起兵至今，八岁矣；身七十余战，未尝败北，遂霸有天下。然今卒困于此，此天之亡我，非战之罪也！"项羽从追随他叔父，开始起义反秦，直到讲这句话的时候，前后一共八年时间。其间，项羽身经七十余战，未尝败绩，成为左右天下的西楚霸王。因为有这样骄人的战绩，故而项羽并不觉得自己在军事战略上有问题，论打仗，自己没有败的理由。所以这次被困垓下，项羽认为是天意使然，天要亡他，并不是自己仗打得不好。归因于天意，是项羽对自身失败最终的认识。所以在只剩下二十八骑的时候，项羽还是要精心布阵，奋勇作战。其目的不在于通过作战逃生，而是要通过这一战，向最后还忠心耿耿跟随他的二十八名骑士证明，自己的作战方法、作战能力是没有问题的。

至死不悟

项羽对自身失败原因的认识对不对？当然不对，我之前分析过项羽有这么多不恰当的行为，在项羽的总结陈词中没有任何反应。项羽把自己的失败归诸天命，而对自身的问题没有丝毫反省。这里体现出项羽直至最终失败的一刻，都没有形成自责与自悟的能力。

除了之前分析的领导艺术之外，项羽还犯过哪些严重错误？刘邦曾数落项羽有十大罪状，里面不免有诋毁政敌的成分，但也并非全是捕风捉影。比如他谈到项羽对待秦朝君民的政策，项羽不仅杀害了已经投降的秦王子婴，还盗掘秦始皇陵墓，烧毁秦朝宫殿，侵占其中的金银珠宝。更甚者，在新安这个地方，坑杀了二十万秦军。项羽不仅对待敌人暴虐残忍，对待盟友同样不仁不义。推翻秦朝之后，项羽自称"西楚霸王"，宰制天下，在这个过程中，刘邦指责项羽"为政不平，主约不信"，即不公平、不讲信义。项羽除自立为"西楚霸王"外，还分封过十八家诸侯，在对待这些人的态度问题上，的确留下不少"为政不公"的把柄。比如其中有一位韩王成，是战国时代韩国贵族，后来加入起兵反秦的队伍中，秦朝灭亡后，也是项羽分封的十八个诸侯之一。但由于张良的缘故，项羽对韩王成有些成见。因为张良祖上是韩国的高官，所以张良最初跟随在韩王成身边，想帮助韩国复国。后来张良遇到了刘邦，受刘邦知遇之恩，帮他办了不少事情。项羽痛恨刘邦，也痛恨给刘邦出谋划策的张良，因此迁怒于韩王成，虽然封他为韩王，却以他没有太大战功为理由，不让他回到封地上去，而是把他一起带到了自己的领地彭城。到了彭城，项羽废除了韩王成的王位，把他降封为穰侯，不久之后又把他给杀了。这是项羽对待盟友非常不道义的一件事。

此外，项羽在分封的过程中凭自己的好恶作决断，也引起诸侯们的不满。比如，齐国贵族田荣是一支重要的力量，因为他和项家关系不好，所以就没有受到分封。而有一个叫申阳的人，原先不过是某位诸侯的一名嬖臣，因为曾经迎接过项羽率领的楚军，就被封为河南王。项羽又把关系不是很密切的燕王韩广迁徙到北部边远地区，改封为辽东王。韩广手下一员将领臧荼，曾经追随项羽作战，因此被封为新的燕王。为了自己能占有河南比较好的土地，项羽又把原先在这块地盘上的魏王迁徙到山西。

项羽的政治作为中最授人以柄的事例，莫过于驱逐并杀害了大家公认的起义领袖楚怀王。项羽先是把楚怀王迁徙到长沙附近的郴县，接着又封楚怀王手下一个名叫共敖的人为临江王，以达到分化、瓦解楚怀王势力的目的。不久之后，项羽命人秘密杀害了楚怀王。其中临江王共敖就在这谋害过程中扮演了重要角色。

项羽的所作所为，使得很多诸侯都对项羽心怀不满。所以楚汉对峙时，很多诸侯倒向刘邦，也有不少顾望、徘徊在两者之间的，但死心塌地跟着项羽的诸侯就比较少。这就是项羽"失道寡助"的体现。

但这些问题，都没有成为项羽临终反思的内容。项羽认为自己作战能力不成问题，最终的失败是天意。这就体现出，项羽并不认为自己之前在政治上的这些不当行为是导致他失败的原因。如果天不亡他的话，这些问题都可以靠作战能力摆平。所以司马迁批评项羽说："自矜功伐，奋其私智而不师古。谓霸王之业，欲以力征经营天下，五年卒亡其国，身死东城，尚不觉寤，而不自责，过矣。乃引'天亡我，非用兵之罪也'，岂不谬哉！"司马迁的批评重点在于，项羽认为经营天下要靠力征，也就是仅凭军事作战能力就够了，真是大错特错。自以为功高，政治上完全凭个人好恶来操作，一定会失败的。可叹项羽临死还不明白这个道理，认为自己的失败是上天的作弄。

还有一种观点认为，项羽最终失败的根本原因，在于他消灭秦朝之后，没有占据关中的有利地形，而是回到了东部的旧根据地彭城，也就是今天江苏徐州一带。"世称项王不王秦而归楚，故失天下"，讲的就是这种观点。原先秦朝的统治中心咸阳一带，东有函谷关，北有崤关，南面是武关，西面是大散关，古称"四塞之国"，也被称作关中地区。如果项羽能占据这块地方，借助有利的山川地形固守，就不会灭亡。

针对这一观点，《资治通鉴》的作者司马光评论道："观其拥百万之众，西入函谷，擅天下之势，裂山河以王诸侯；自谓可以逞其私心而人莫敢违，安行无礼，忍为不义；欲以一夫之力，服亿兆之心；才高者见疑，功大者被绌。推此道以行之，虽得百秦之地，将能免于败亡乎！"项羽拥有百万之众，是当时最有实力的军事领袖。有着这样的基础，项羽便以为可以按照自己的想法为所欲为，在和其他诸侯交往的过程中"安行无礼，忍为不义"，非常无礼却心安理得，行不道义的时候毫无顾忌。他试图凭借自己的强力，压服所有人，有才华的受到猜疑，有功劳的受到打击，以这样的行为方式统治天下，即便有一百个关中之地，也无法避免灭亡的命运。

司马光讲得非常有道理。如果占据关中之地就能避免灭亡的话，那么之前的秦朝不正是占据了关中之地？不也灭亡了吗？凭什么说项羽一旦占据关中之地就能免于灭亡呢？我在前两章只是分析了项羽在领导艺术上不如刘邦的地方，这里所分析的司马迁、司马光两位大史学家对项羽之败的评论，才是更能触及根本的内容。项羽自恃武力强大，以为仗着战功就可以服人，认为成败只在于作战能力，对自身所犯的巨大政治错误，毫无反省，这才是他最终失败最大的原因。而项羽本人对这一点，至死不悟，把失败归诸天意，非常可悲。

作为后世的领导者，固然要吸取项羽妄图以力服人的教训，对于一般读者来说，更应该从项羽大错特错的临终遗言中参悟，培养时刻自警、自责、自悟的精神，善于从小处端正自己，避免犯下更大的人生错误。

储位之争：权力交接稳定法则

太子的重要性

在中国古代政治中，太子是非常重要的角色，当老君主去世的时候，必须有明确并且受到公认的继承人来继承君主的位置，如此才能确保权力过渡阶段的政治稳定。所以太子被称为"国本"，也就是国家的根本。正因为这个位置重要，也就引出了很多相关的复杂问题。首先，因为他有资格继承君主的位置，所以会成为很多野心家觊觎猎取的目标。其次，于君主来说，选太子又往往是一桩麻烦事。选择太子，需要考虑两个基本问题：一，人选的诞生，是否符合大家公认的原则与程序，比如中国古代很多时候都强调"嫡长子继承制"；二，人选的确定，是否真的符合国家长远利益。所以选择太子必须谨慎、理智。但很多君主在这个问题上都很难摆脱情感纠缠，比如偏爱某个后妃，从而倾向于立她的儿子为继承人，或是特别欣赏某个儿子，以至于不顾原则地指定继承人。

中国历史上，君主因在立太子的问题上感情胜于理智，导致国家危机的例子，比比皆是，《资治通鉴》对这类历史事件非常重视，描述良多。比如战国时代的赵国和燕国，这两个国家在秦统一中国的进程中，是同一年灭亡的，司马光在总结这两个国家的衰败原因时指出，这两个国家犯过同一个错误，那就是在处理继承人问题上，都曾经大失水准。

刘邦作为开国皇帝，同样遇到了选择继承人的问题，也同样一度受到自身偏爱的影响。但吸取了前车之鉴，刘邦最终避免延续前人的悲剧，成为正面典型。

先来讲赵国的例子。赵国曾经出现过一位赫赫有名的君主：赵武灵王。赵武灵王可以说是战国时代最有作为、最有远见的君主之一，关于他的故事——胡服骑射，即勇于改革的精神被写入如今的中小学历史课本。战国七雄当中，秦国、赵国、燕国三个国家的位置和当时崛起于北方草原的匈奴民族临近，经常发生军事冲突，所以这三个国家都曾修建长城，来抵挡匈奴人的骑兵。在和匈奴作战的过程中，赵武灵王也发现了匈奴骑兵的优点。他们身着短衣，骑着战马，善于弓射。这样的军队，比依靠战车作战的中原军队更具备灵活性和机动性。赵武灵王认为，对付匈奴人的进攻，光靠消极防御不行，还应该积极学习敌人的长处。在赵武灵王的努力推动下，赵国人逐步接受了匈奴人身着短衣、驰马射箭的生活、作战习惯，赵国因此逐渐强大。但这么一位有作为的君主，结局却非常凄惨，是被活活饿死的。这和我在第一章中提过的梁武帝很像，都是英明一世，最终却落得饿死的下场。不同的是，司马光认为，梁武帝最大的问题是闭目塞听，自以为是，不采纳好的治国意见，而赵武灵王最大的问题是在继承人选择上面犯了浑。

赵武灵王本来立了长子赵章为太子。后来一位年轻貌美的妃子吴娃受到赵武灵王的宠爱，并生育了小儿子赵何。由于偏爱吴娃，赵武灵王在这两个儿子中更疼爱赵何。于是他就把赵章的太子身份给废了，重新立赵何为太子。为专心于开疆拓土，赵武灵王想早点把内政交给儿子来处理。于是就把国君的位置传给了赵何，让赵何来主持内政，另封长子赵章为安阳君，他自己则称"主父"，身穿胡服，在边境率领军队专事攻战。

有一次赵武灵王让赵何接见群臣，自己躲在幕后观察。朝会时，他发现长子赵章神情怏怏，比较懈怠。赵章身为哥哥，却要向弟弟称臣，受制于弟弟，故而神情并不愉快。这使得从旁观察的赵武灵王对这位没能继承王位的长子，顿时产生了怜悯之情。再者，这时候他原先宠爱的吴娃，也就是赵何的母亲，已经去世了。在赵武灵王心目中，对赵何的偏爱不像之前那么强烈了，所以他转而开始考虑如何弥补长子赵章。赵武灵王设想将赵国一分为二，让两个儿子各自称王。但他心里比较犹豫，不知道这种做法是否妥当，所以也没贸然施行，暂时搁置在一边。

赵章是长子，本来应该继承王位，而且也的确一度被立为太子，但这本应属于他的一切，莫名其妙地被弟弟夺走了。对于这件事，赵章心里早就积蓄了很多不满，听说父亲打算划出赵国一块地方让他称王，却又迟迟不见动静，更让赵章感觉不痛快。趁着父亲和弟弟一起到沙丘这个地方巡游的时候，赵章率领自己的属下发动了一次叛乱，意欲通过政变夺取王位。

赵章一开始向弟弟发难，杀了弟弟的傅相，并攻打弟弟的居住地。由于弟弟赵何当时已是国君，支持他的人多，力量非常强大，所以赵章并未能如愿以偿，最终还是被支持弟弟的军队打败。赵章狼狈逃窜，跑到父亲赵武灵王居住的宫殿中，赵武灵王开门接纳了他。为了拿获赵章，支持赵何的将领们把赵武灵王居住的宫殿团团围住。最终，赵章死了，但围宫的将领们却不肯解围。他们相互商量说："以章故，围主父；既解兵，吾属夷矣！"由于捉拿赵章的缘故，他们围困了主父的宫殿。围困主父是大逆不道的事情，如果现在罢兵，主父重新出来主持政局，他们一定会被冠以大逆不道的罪名而遭受灭门之祸。所以这些人决定一不做，二不休，继续围困赵武灵王。虽然不便直接弑杀，但可以设法把他逼死，然后通过操纵年幼的赵何，为自己开脱罪名。

接着，这些将领向被围困的人群下了一道命令："宫中人后出者夷！"意思是和主父一起待在宫里的人须赶紧出来，出来晚的就要被夷族。于是赵武灵王身边的宫人纷纷跑了出去，只剩下赵武灵王一个人继续被困在宫里，得不到饮食，没有最基本的生活保障，只能靠探取鸟卵充饥。这样的日子过了三个月，赵武灵王最终饿死在沙丘宫，赵国从此走向衰弱。

赵武灵王是战国时期的一代英主，政治上、军事上都非常有作为，但最终落得这样的结局，令人嘘唏。司马光评论说："武灵王不顾流俗，变胡服、习骑射，以制林胡、灭中山，大启土宇，威加强秦，可谓贤君矣。及溺于嬖宠，欲分国以王二子，卒饿死沙丘宫。佚欲为之败也如此！"司马光对赵武灵王不顾流俗，实行胡服骑射的大胆改革给予了高度评价，并称赞赵武灵王为一代贤君。但由于他宠爱吴娃，在关系到国家根本的太子废立问题上，感情用事，伤及国本。先是褫夺了长子赵章的太子身份，立少子赵何为嗣，随着吴娃的去世，又回过头来怜悯长子，想把国家一分为二，让兄弟俩各自为王。最终还是没把这件事处理好，自己饿死在沙丘宫，国家也因而衰弱。"佚欲为之败也如此"，是司马光对后世统治者的警告，迷恋美色而动摇国本，就是赵武灵王的"佚欲"致败。

燕王哙的荒谬禅让

尧、舜是传说中上古时代的圣王，他们不以天下为私有，而是在年老的时候把王位传给最受百姓认可的贤能之人。这种选贤与能的传位方式，被称为"禅让"。对禅让制的描述寄托着古人以天下为公的政治理想。但我们应该明白，尧舜禅让的故事即便是真的，它的诞生与适用也须在特定历史环境之下，这是私有制兴起之前的部落联盟时代的政治经验，不能生搬硬套到私有制确立、国家形态逐步形成之后的历史环境中。所以孟子说"尽信《书》，则不如无《书》"，就是这个道理。战国时代，燕国有一任国王名字叫哙，这位国王大概有点书呆子气，不仅相信上古尧舜禅让的传说，还一心想模仿他们，所以在王位传承方面做了一件非常荒唐的事，结果给燕国带来了灾难。

燕王哙虽然立有太子，但他又非常信任相国子之。子之这个人想获取富贵和地位的欲望很强，也比较有心计，为取得燕王哙的信任，他花了不少心思，比如收买在燕王身边的人，时不时替他敲敲边鼓。其中就有一个人对燕王说："人之谓尧贤者，以其能让天下也。今王以国让子之，是王与尧同名也。"意思是，尧之所以是公认的贤圣，是因为他能把天下无私地让给舜。如果燕王哙能把燕国让给子之，那就能跟尧齐名，流传千古而不朽了。燕王哙非常向往千古留名的境界，于是就把国家交给子之全权管理。

但这件事并未到此结束，子之也没能那么容易地全面掌握国家，因为太子还在，太子还掌握着很多重要岗位的人事任免权。于是又有人到燕王哙面前替子之说话，说历史上虽然尧、舜、禹三个人并称，但禹这个人不够厚道。为什么呢？"禹荐益而以启人为吏，及老而以启为不足任天下，传之于益。启与交党攻益，夺之，天下谓禹名传天下于益而实令启自取之。"这里提到的"益"，是当时的一位贤人，"启"则是禹的儿子。禹打算效法尧舜禅让，把天下传给益，而不是传给儿子启。但是禹在推荐益的同时，还重用了很多启手下的人。禹老了，如约传天下给益。但由于启的人占据了很多重要岗位，当禹去世之后，启就带领这些人打败了益，夺得了天下。所以人们都认为，禹传位给益，只不过是为了掩人耳目，其实早就留了心眼，把自己儿子的亲信安插在各个重要岗位上，以便于儿子日后结党营私，重新夺回天下。这样既能确保儿子得到天下，他自己又不失传贤的美名。

这个人接着对燕王哙说："你现在名义上想学尧舜禅让，把国家交给子之处理，但在重要岗位上的人都是太子的人，那事实上不还是太子在发挥作用吗？这个国家不还是你们家的？你不就变成和禹一样虚伪了吗？这哪里是以天下为公啊！你既然要学尧舜禅让，就该学得彻底些，不要像禹那样，表面一套，暗地里一套。"

燕王哙还真听信他的话，马上出面把相关官吏印绶都收缴上来。当时的官吏共分十六个等级，燕王下令十级以上的官吏，都要效忠于子之，不能再跟着太子了。这就等于把国家中非常核心的人事任免权彻底交给了子之。于是子之能够正式地"南面行王事"。要知道，古代的君主，都是坐北朝南的，子之开始在燕国的朝廷上坐北朝南了，形式上已然符合一位君主的身份。而燕王哙年老之后，逐渐丧失政治影响力，反而要向子之称臣。

这样君臣倒错的统治方式维持了三年，燕国的政治一片混乱。混乱的原因我分析一下。首先，原先太子的原班人马肯定不服气，传说中的禅让再美好，也不是当时的通行法则。燕太子会想，别的国家太子都能继承王位，凭什么他就这么倒霉呢？其次，其他的大臣也会不服气："凭什么把王位禅让给子之，而不是禅让给我呢？我觉得自己不比子之差啊，甚至很多方面还超过他。"

于是太子就和一些大臣、将军合谋，发兵攻打子之。双方兵戎相见，对峙了几个月，死了几万人，还是没有结果，这在老百姓当中造成了很大的恐慌。内政混乱，很容易给境外敌对势力以机会。燕国南面的齐国，就开始利用这次机会干涉燕国内政。当时的齐国非常强大，国君齐宣王派使者传话给燕太子："寡人之国唯太子所以令之。"只要燕太子有需要，齐国军队随时听命。于是，燕太子在齐国军队的帮助下，打败了子之，夺回了政权。在战乱的过程中，燕王哙被杀身死。

燕太子虽然依靠齐国的支持把政权夺回来了，但接下来的问题却没那么容易处理。有句俗话叫"请神容易送神难"，齐国军队既然来了，就不会轻易地离开，他们在燕国驻扎了下来。齐宣王想乘机控制乃至于吞灭燕国。这叫"前面驱狼，后门进虎"，齐国这个麻烦比子之的破坏力还大。好在齐宣王不久就去世了，再加上齐国与秦国等其他强国发生矛盾，齐国军队才逐步从燕国撤离，否则这事还真不知该如何收场。

由于燕王哙贪慕虚名，违背通行的王位传承原则，给燕国造成了这么多年的混乱，差一点造成亡国的危险。对于这一事件，司马光评论道："王哙慕尧、舜，以国授子之，而败死为天下笑。求名失实，乃至是乎！"司马光说，燕王哙贪慕虚名，为模仿尧舜禅让，不把王位传给太子，而授予大臣子之，最终导致国家内乱，成为天下人的笑柄，这正是求名失实所致。这个故事告诉大家一个道理，凡事须顺历史潮流而行，不能逆历史潮流而动。当大家都认可天下为公，主张民主法制的时候，悖逆而行"家天下"，以国家为私有，肯定行不通。同样，在战国时代，当大家都接受把王位传给有血缘关系的太子这一前提下，要逆历史潮流而复古，肯定也行不通。个人的能力都是非常有限的，不要和历史发展的大势较劲。

刘邦的立嗣风波

无论是赵武灵王还是燕王哙，都违反了继承人稳定法则。他们本来都有太子，赵武灵王因偏爱而改立少子为太子；燕王哙因贪慕虚名而实行禅让。尽管违背法则的具体方式不同，但最终都给自己的国家造成了很大的伤害。相比之下，汉高祖刘邦能克制感情因素，恪守继承人稳定法则，成功避免了给国家造成损失，是一个正面的例子。

汉高祖刘邦在登基称帝后，就立了原配夫人吕雉所生的儿子刘盈为太子。到了晚年，刘邦宠爱一位年轻的戚夫人，戚夫人生的儿子名叫如意，被封为赵王。刘邦认为刘盈过于仁厚懦弱，倒是如意更像自己，所以产生了改立太子的打算。戚夫人本就不甘心自己的儿子只是诸侯王，日夜在刘邦面前涕泣，希望刘邦能改立她的儿子为太子。但刘邦经过几次试探，最终还是打消了这个念头。

关于刘邦为什么会打消改立太子的念头，《史记》里记载的原因是"商山四皓"的劝谏。因为太子刘盈的生母吕雉意识到危机感，求教于张良。张良给她出主意说，有四位隐居的高士，年纪很大，德高望重，被称为"商山四皓"，这四人素来为刘邦所敬重。但因为刘邦为人粗鲁，喜欢当面骂人，这四位高士不想受屈辱，所以义不为汉臣，不接受刘邦的招揽。如果吕雉母子能不惜代价，卑辞厚礼，恳请这四位高人出山辅佐太子，刘邦看到太子能将自己无法降服的人收入麾下，就会赞赏太子的能力，从而保住太子的地位。

吕雉按照张良的建议，花了很大力气请出了这四位高士。有一次刘邦置酒宴会，太子去陪侍，四位高士也跟着去了。刘邦看太子身边跟着四位须眉皓齿、容貌伟岸的老者，感到很奇怪，就问这四人是谁。于是这四人一一上前通报了自己的姓名。刘邦听完后大吃一惊，原来这就是自己仰慕已久，却无法招致的四位高人。刘邦就问："这么多年我一直想恭请你们出山，你们总躲着我，现在怎么愿意成为我儿子的臣属了？"高人回答道："你素来轻视士大夫，喜欢谩骂，我们不能受辱，所以躲你。而太子为人仁厚，待人恭敬，天下之士莫不归心太子，所以我们愿意和太子交往。"听完这番解释，刘邦只能对他们说，那就麻烦他们照顾、教育太子了。等宴会结束，刘邦目送四人离开后对戚夫人说，太子羽翼已成，有这四个人保护，自己恐怕废不了太子了。为了安慰戚夫人，也为了发泄自己的情绪，刘邦让戚夫人起舞，并亲自和了一首歌。改易太子的事就此不了了之。

这个故事非常著名，但司马光编《资治通鉴》时却未予采纳。因为司马光不相信这个故事的内容是真实的，刘邦这么强势的人物，怎么可能仅仅因为四个徒有虚名的老头，而在重大问题上轻易放弃自己的主意？司马光批评司马迁"好奇"，所以《史记》中往往有这类华而不实的故事。

那么司马光如何看待刘邦停止废太子这件事？《资治通鉴》在叙述时，特别强调大臣们对废立太子的反对，从大臣态度的角度来解释刘邦为什么打消废太子的念头。比如，《资治通鉴》有当时御史大夫周昌反对这件事的记录。御史大夫相当于副丞相，身份不低。周昌有口吃，说话比较费劲，有意思的是这个人脾气还特别急、特别暴。口吃的人，越是着急，越是生气，越是说不出话。即便如此，周昌还是要在刘邦面前表达自己强烈的反对意见。周昌对刘邦说："臣口不能言，然臣期期知其不可！陛下欲废太子，臣期期不奉诏！""期期"就是用来形容周昌说话时又着急又结巴的样子。

此外，《资治通鉴》又收录了当时儒学大臣叔孙通对此事的反对情况。叔孙通为人以圆滑著称，但因为他是太子的老师，所以在保护太子这件事上表现得非常有原则性。叔孙通是学者，所以从历史的角度，给刘邦讲述了很多妄自废立太子而导致国破家亡的典故。最后叔孙通对刘邦说："太子，天下本，本一摇，天下振动；奈何以天下为戏乎！"叔孙通说太子是维系天下安危的根本，因为当具有权威的老皇帝去世的时候，必须要有一个众人认可的太子来继承皇位，才能确保政权平稳过渡。如果老皇帝死的时候没有太子，或者太子不孚众望，就很有可能引起实力派人物对皇位的争夺，这样就会导致天下大乱。所以随意变更太子无异于动摇国本，这可不是儿戏之事。

借助叔孙通的发言，《资治通鉴》最终对这件事作了总结："时大臣固争者多；上知群臣心皆不附赵王，乃止不立。"除了之前提到的周昌、叔孙通等人，大臣们反对废太子的非常多，而且很多人都和刘邦激烈地争执过，包括张良也反对这件事。所以刘邦知道，即便自己废了现在的太子，改立赵王，只要大臣们不拥护赵王，那赵王日后也不能安稳登基，反而有可能导致国家动荡，所以刘邦打消了废太子的念头。

《资治通鉴》的解释，比《史记》"商山四皓"的故事合理得多。那么司马光为什么这么重视太子人选的合理性与稳定性问题，要在《资治通鉴》中一再强调？因为有很多野心家绞尽脑汁，想走到权力金字塔的顶端。如果允许有野心、有实力的人随意争夺顶端权力，势必造成社会秩序崩坏，乃至于连年战火、民不聊生。所以儒家政治伦理特别强调权力秩序，不允许随意僭越、篡夺。但君主的生命总会终结，权力需要向下移交，为确保权力平稳过渡，必须在君主生前确定继承人。继承人的产生，需要经历合理的程序。一经产生之后，若无大的过失与不妥，必须保持其地位的稳定性，这是权力秩序中非常重要的一条。所以继承人稳定法则，是《资治通鉴》非常重视的内容。

第三卷

汉初时期：守成之君的策略

文帝克己：不偏不倚，私不害公

守成之君的典范

有句俗话叫"守业更比创业难"，从《资治通鉴》里面所载的君主来看，这句话很有道理。《资治通鉴》记载了这么多王朝的兴衰，各种各样的君主多达数百人。这些人里面，我估计真正优秀的、成功的守成之君，在人数上可能远远少于创业君主。虽然我没做精确的统计，但凭经验能产生这样的直觉。每个王朝都有创业之君，有些王朝的创业之君甚至不止一个，比如唐朝的唐高祖李渊和唐太宗李世民，都可以算创业之君，但并不是每一个王朝都能出现优秀的守成之君。历史上为什么有这么多小王朝、小政权，除了先天不足和具体的历史环境外，没有优秀的子孙守业也是很大的一个原因。另外一点，不用做仔细的统计我们也能知道，在历史上这么多继承祖业的君主里面，失败的远远多于成功的。绝大多数继承型君主都无法好好做到谨守祖业，有这种那种的弊病，导致国家衰亡。所以历史上有那么几个难得的守成之君，就成为值得我们分析的对象。

在《资治通鉴》所载的众多君主中，堪称守成之君典范的，大概莫过于西汉时代的汉文帝。汉文帝于公元前180年继位，当时西汉统治集团内部已经平定了诸吕之乱。在此之前，举国上下经历的动荡年代可以说远远多于和平时期。老百姓无论是在推翻秦朝，还是在楚汉相争的过程中，都付出了很大的代价。汉文帝在位二十三年，始终实行"休养生息"的政策，给老百姓充裕的生产时间和良好的生活条件，让整个社会恢复元气。所以在他统治期间，国库殷实，老百姓家给人足，国家没有大的动荡。站在老百姓的立场上看，汉文帝的治理是非常成功的，对于汉朝统治来说，也储备了充足的后劲。所以汉文帝历来被认为是守成之君的典范。汉文帝守成"成"在哪里？读《资治通鉴》，我想可以概括出三点：不挠法、不扰民、克服享乐主义。

所谓不扰法，就是君主不凭借个人政治权威干涉法制程序的正常运转。先来讲两个汉文帝与法的小故事。汉代的都城长安是临渭水修建的。有一次汉文帝的车队经过架在渭水两岸的桥上，那当然其他人就不能同时在桥上走了，必须回避皇帝的车队。但有一个路人，不知道是着急赶路呢还是什么原因，他没有回避，而是设法从桥下面走，结果惊到了汉文帝的马。于是这个路人就被逮捕，并交给廷尉，也就是主管司法的官员处置。当时的廷尉名叫张释之。张释之经过调查审问之后，给出了一个处理意见，他认为这个路人的确犯了没有回避皇帝车驾的罪，按照当时的法律应该处以罚金。汉文帝看到这个结论之后大怒，说这个人这么大胆，敢惊吓他的马，还好这匹马性格比较柔和，没有对他造成大的伤害，万一是一匹性格烈一点或受不起惊吓的马，不是要伤到他吗？廷尉怎么就罚他几两金了事呢？让天下人都觉得惊吓皇帝没关系，出几两金就能了结。汉文帝认为这个惩罚太轻，非常不满意。

张释之就对汉文帝说："法者，天下公共也。今法如是；更重之，是法不信于民也。且方其时，上使使诛之则已。今已下廷尉；廷尉；天下之平也，壹倾，天下用法皆为之轻重，民安所错其手足！"法是天下人共同遵守的准则。现在法律规定，对不及时回避皇帝车驾的处罚，就是罚金。如果现在仅仅因为皇帝本人不满意这项处理结果，而加重对犯事者的惩罚，那么朝廷的法令对于老百姓来说就没有信用可言，因为皇帝有权力的意志可以随便改动法律。退一步说，当这个路人惊驾的时候，如果皇帝直接派使者诛杀了这个人，那是皇帝特旨特办，还有一句话可说。现在这件事情已经移交给司法部门办理了，那就应该遵照法律来制定惩罚措施，而不能由任何人随心所欲。张释之打了个比方，说掌握司法的廷尉，就好像是一个天平，这个理念跟现在很多法院门口塑一个手持天平的天使像一样，古人很早就有这个认识了。如果这个天平可以根据有权势的人的意志随意倾斜，那不是乱套了？那还要法干吗呢？

汉文帝思考良久，认为张释之讲得非常有道理，这一次就同意了张释之的处理方案。但之后发生了一件事，使得汉文帝和张释之在执法问题上又发生了意见冲突。有一个供奉、祭祀汉高祖刘邦的地方，称作高庙，这当然是非常重要的地方。有个盗贼偷盗了高庙的玉器，这件事性质比较严重，交由廷尉来处理。张释之最后的处理意见，根据法律，该犯应该弃市。所谓弃市也就是在闹市执行死刑，陈尸街头以示众，这个刑罚当然不算轻。但汉文帝仍然非常不满意，说这个人胆大妄为到敢偷高庙的玉器，他让廷尉来处理这件事，是想让盗贼遭受灭族之罪以儆效尤，而廷尉只判了个弃市，太令他失望了。张释之再一次据理力争，对汉文帝说，对于盗窃高庙器具的惩罚，法律规定就是弃市，而没有灭族一说。罪责之间有等差性，不同罪责对应不同刑罚，陛下觉得现在这么惩罚不过瘾，偷个高庙的器具就要灭族，那么以后有人犯了更重的罪，比如直接去盗掘高祖皇帝的陵墓，那又该如何处罚？盗掘陵墓的罪肯定比偷盗高庙器具更重，偷盗器具都要灭族了，盗掘陵墓的刑罚再怎么往上加？这一番争执之后，汉文帝最终还是觉得张释之讲得有道理，同意了张释之的处罚方案。

这两件事可以看出汉文帝的性格。汉文帝是普通人，在处理关系到自己的事件的时候，就表现出明显的喜怒哀乐情绪，试图依靠自己的权力改变法律。但汉文帝又有胜过普通帝王的一面，他能做到克己守法，觉得司法官员说的是对的，马上就能纠正自己。关于汉文帝的两个克己守法的小故事，《资治通鉴》是放在一起叙述的，我称之为"排叙法"，即排比在一起叙述。这种叙述方法能起到强调作用，体现出作者司马光对克己守法精神的重视。不要小看这两件事，历史上真正能做到克己守法的帝王不是没有，却也屈指可数。相反，凭借个人权威，以个人意志抗法的帝王却比比皆是。接下来就举个反例。

魏文帝公报私仇

我要举作反面典型的这位帝王，在历史上倒也有不小的名气，而且也被谥作"文帝"，但这位文帝和汉文帝相比，在克己守法这点上差得太远。我要说的是曹魏时代的魏文帝曹丕。

曹丕算是创业之君还是守成之君？区分上有点麻烦。众所周知，曹丕之所以能称帝，是因为曹操给他打下了良好的基础。没有曹操，光凭曹丕自己，不可能有这么大的局面。在这点上说，曹丕是在守曹操的业，当归入守成之君。但问题是曹操生前没有称帝，曹丕是曹魏时代的第一位皇帝，曹魏成为一个王朝是从曹丕开始的，从这一点来说，曹丕又该算创业之君。这些名分上的麻烦我们先丢在一边，不必计较太深，无论曹丕算哪种类型的君主，都不妨碍我们把他作为不能克己守法的典型来分析。

曹操注重法治在历史上是出名的，所以手下也有一批擅长于法治的官吏。曹操在世的时候，曹丕还是太子。那时候曹丕的小舅子犯法，落在一个执法严谨的官员鲍勋的手里。曹丕出面去求情，结果鲍勋毫不给情面，依法处置了曹丕的小舅子。这件事让曹丕怀恨在心。鲍勋又是个非常直率的人，曹丕称帝之后，鲍勋数次直言进谏，指出曹丕的错误，这使得曹丕对鲍勋更加痛恨，老想找碴整治一下鲍勋。

曹丕终于等到了这个机会。有一次曹丕率领军队路过陈留郡，鲍勋是随军司法官。陈留郡太守当然要来朝见一下曹丕，这位太守是鲍勋的朋友，所以见完曹丕之后，他就顺道去拜访鲍勋。但这位太守在去拜访鲍勋的路上，因为走道问题触犯了法令。走道怎么会触犯法令呢？因为大军屯驻之后，必然要修筑很多军事工程，比如要建造防御性的壁垒，甚至挖壕沟，还要建造供将士们居住的营区，当然还会有一些涉密区域。所以在军营中行走，要按规定走在允许行走的道路上，不能乱窜。军法当然必须严明，这是治军最基本的内容。由于当时大军刚刚驻扎下来，很多军事工程还没有完工，只是封道圈地或是插上标志物，而没有实际建成的营垒。于是这位太守为了图方便，就从这些地方斜穿过去了，没有走外面的正道。

这件事被另一位姓刘的执法官员发现了，就要按法令处置这位太守。一来因为这位太守斜穿军营是为了去拜访鲍勋，二来鲍勋自己也是执法官员，所以有义务也有责任在这件事上仔细审核并发表意见。鲍勋的意见认为，在军营中禁止斜行不走正道的法令，只适用于营垒造成之后。这位太守走的时候，营垒还没建成，所以这条法令不适用。不管鲍勋的话在不在理，都代表着司法官员对法令的一种解读。曹丕听说这件事之后不干了，直接下诏说："勋指鹿作马，收付廷尉。"说鲍勋为陈留太守的辩护，无疑是指鹿为马，人家明明犯罪了，说是没犯罪，那还了得，勒令把鲍勋交给廷尉，也就是掌握司法的高级机构处理。

曹丕的反应非常有意思，我来分析一下。鲍勋和那位刘姓官员在处理意见上的不同，是两位执法官在法律解释上的分歧。至于鲍勋是不是因为和这位太守是朋友，就歪曲法律解释以庇护犯罪嫌疑人，可以通过司法辩论来阐明，不同处理意见之间的矛盾也可以通过司法程序解决。曹丕毫无启动正式司法程序的耐心，而是以皇帝身份直接下旨干预，这是第一个值得注意的地方。第二个值得注意的是曹丕这道诏旨的内容。整个事件的核心，本来应该是讨论那位太守的行走路线算不算犯法，但曹丕对此似乎没太大兴趣，而是直接针对鲍勋下了这道诏旨。案件主角本来应该是那位太守，鲍勋只是参与议法，通过曹丕的诏旨，主角一下子就变成鲍勋了，那位乱走道而引发官司的太守反而被晾在一边了。这些不合常理之处，都体现出曹丕一直以来处心积虑地想整治鲍勋，这一下总算逮到机会了，岂能放过。

接受处理鲍勋的廷尉，应该也从这些不合常理之处揣摩到了曹丕的心态。皇帝直接下旨把一个人扔监狱里，那这人肯定是把皇帝得罪惨了，该他倒霉的时候了。所以廷尉经过评估，判鲍勋劳改五年。大家看，事件发展到这里完全变味了，由审乱走道的太守变成审鲍勋了。曹丕和廷尉都不讲理，毕竟还有讲理的人。负责审核的官员一看，鲍勋不过在司法解释上提出了自己的意见，即便这种意见不对，犯得着判五年劳改吗？所以审议官就把这个处罚意见驳回去了，说按照法律，鲍勋在这件事上即便真是屈法包庇朋友，所受处罚也应该止于罚金二斤，而不应该判刑。

他的驳议惹得曹丕大怒，再次出面强烈干预，说道："勋无活分，而汝等欲纵之！收三官已下付刺奸，当令十鼠同穴！"曹丕在上一道诏书里至少还遮掩一下，让廷尉来处理这件事，这次直接下指令，说鲍勋没有活着出来的余地。这是以行政指令代替法律。更甚者，他还指名要处理那些替鲍勋辩护的官员，交由"刺奸"来办理，"刺奸"属于当时的监察官。曹丕为了报复鲍勋，不仅扰乱正常的司法程序，还把这么多官员给牵扯进去了。很多元老大臣看不下去，纷纷出面替鲍勋请求，指出鲍勋的父亲鲍信是曹操早年重要的支持者之一，曹丕不能这样对待他。来说话的元老大臣中包括钟繇、华歆、陈群、辛毗等好些个三国时代非常著名，也是当年曹操身边非常得力的人物，曹丕一概不听。有一位姓高的官员认为曹丕下的是乱命，拒不奉诏。曹丕就先把姓高的官员软禁起来，接着直接派人诛杀了鲍勋，然后再把这位高某人放出来。大家看，堂堂一位皇帝，为陷害一个官员，费多大的事啊！

这个故事在《资治通鉴》里所在的位置非常有意思，司马光不是在叙述曹丕生平事迹的时候顺着说下去的，而是把它安排在曹丕去世的时候，以倒叙手法进行补充。我称《资治通鉴》的这种叙事方法为"盖棺定论法"。中国古人讲究盖棺定论，对一个人的评价，要等到这人死了，棺材板盖上的时候再作出。《资治通鉴》在很多重要历史人物去世的时候，也要对他的一生作些点评、总结，但很多时候司马光并不是以直接发表评论的形式来总结这些人物，而是选择他们生前具有代表性的事件一二件，放在讲到他死的时候来叙述。司马光认为，不需要过多的评价，通过这些事，读者自然能了解这位人物是怎样一个人。迫害鲍勋，就是司马光选出来为曹丕盖棺定论的事件。

克己守法

一个有权力的人行使权力，并不稀奇。难得的是，有权力的人能克制住自己的权力欲，尤其是当自己的意愿与法律或者他人利益、意愿抵触的时候，能够克制住自己的欲念，不动用权力手段来达到自己的目的，更不会利用权力屈法、枉法。通过对比汉文帝和魏文帝我们能看到，一位成功的领导者，必须有克己守法的精神，而要做到这一点是不容易的。孔子说"克己复礼为仁"，抑制自己，使语言行动都合乎礼，就是仁。礼和法虽然在内容上和所承担的社会功能上都不同，但这两者都是人应该遵守的规范，都是对人的外在约束。从法的角度讲，人们就应该抑制自己的欲望，以合乎法令。无论是一个国家、一个单位，还是一个团队，都要靠法令或规章制度来管理，作为领导者必须屈己从法、克己守法，这一点关乎国运，关乎团队能走多远，十分重要。

这里，我引进了"克己"这个概念来形容汉文帝和魏文帝对待法令的不同态度。事实上，除了守法之外，国君在治国时，很多方面都需要克己，也就是抑制自己。克己是守成之君非常重要的一种素质，不能克己、为所欲为的国君，一定不是可以保家守业的合格继承者。我再从听纳不同意见的角度，举一个汉文帝克己的例子。

汉文帝时代，汉朝和匈奴之间虽然还没有发生大规模战争，但双边关系已经比较紧张。汉文帝在采取克制立场的同时，也积极在边境排兵布阵，做好防御工作。国难思良将，对此汉文帝很有感慨，他曾对一位名叫冯唐的官员说，要是他能得到廉颇、李牧这样的大将该多好，就不用担心匈奴了。汉文帝本来就想表达一下感慨，谁知冯唐这个人极为坦率，回答了一句话，直接把汉文帝噎住了。冯唐说："你呀，就算手下有廉颇、李牧这样的将领也不懂得用。"

汉文帝听后非常生气，起身就走。回宫过了良久，心情稍稍平复之后，汉文帝派人把冯唐招来，对他说："公奈何众辱我，独无间处乎！"汉文帝的意思是："你为什么要当众羞辱我？要提意见就不能换个没人的地方吗？"冯唐回答说："鄙人不知忌讳。"冯唐说自己是个粗鄙不知礼数的人，因此不懂得忌讳。

因为当时匈奴侵扰汉朝很厉害，汉文帝并没有因为冯唐当面开罪他而惩罚冯唐，反而要求冯唐深入谈谈，为什么批评自己不会用将。冯唐也非常坦率地把自己的意见表达出来，他认为廉颇、李牧这样的名将之所以能建立功勋，关键在于君主在任用他们的同时不以任何形式束缚他们的手脚。军费如何开支，赏罚如何施行，一切不问，只问一件事，是否有效地击退敌人。只要能有效地击退敌人，中间过程一概不干预。这是当年李牧这样的名将能成功的关键。冯唐认为汉文帝时代其实有非常优秀的将领，但手脚被束缚得很厉害，不能施展才能。冯唐举了个例子，就是汉文帝时代的将领魏尚。魏尚有古名将的风范，不仅把所有军队收入都拿来犒赏将士们，甚至自己出钱，每五天为将士们宰牛，改善将士们的伙食。将士们也乐于拼命，作战勇敢，所以魏尚防守边境的时候，功绩很卓著，使得匈奴不敢进犯。

但根据汉朝的制度，军士赏罚要由中央官员根据法令来考核。将士们都是粗人，语言能力不一定强，陈述功劳的时候略有不当，就会被考核官员揪住把柄，得不到奖赏。魏尚有一次呈报战功，所获敌人首级，报告中的数字和实际呈送的差六个，就受到重罚，不仅爵位被削夺，还被判了一年徒刑。所以冯唐批评汉文帝说："你不要感慨没有名将，你手下就有优秀将领。"优秀将领在哪里？在劳改！将士们在前线拼命作战，很难得到朝廷的奖赏，相反要领处罚却很容易。这和李牧做大将的时候，赏罚由军中根据实情决定，君主和朝廷放权不过问的情况完全不同，即便有廉颇、李牧这样的名将，又怎么有机会大显身手呢？

魏尚的遭遇当然不是汉文帝的问题，而是当时体制造成的问题。而汉文帝听完之后觉得冯唐讲得非常有道理，马上派冯唐为特使，赦免了魏尚，恢复他职务，并且升迁了敢于提意见的冯唐。这件事非常能体现出汉文帝的性格。一开始冯唐当众批评他的时候很不高兴，这是人之常情。他的优点是能忍耐，并未因当面遭受唐突而惩罚冯唐，而是等心情平复之后再找冯唐谈话，希望冯唐把话说透。这一点体现出汉文帝优于常人的地方。当他认为冯唐阐述得有道理的时候，又能及时有效地把冯唐的建议付诸实践，让整个事件有一个圆满的结局。这当中，汉文帝最值得赞赏的是当众受冯唐指责时，虽然很生气，但还是能忍耐，然后才有可能让整件事有一个非常好的结局，这也是汉文帝克己能力的体现。

汉文帝能克己的素质非常重要，作为领导要修炼到这程度不容易。但这种素质，应该说是一名成功领导者必须具备的素质，在君主类型中，无论是创业之君还是守成之君，只要想把国家领导好，都必须具备这一素质。所以我们可以称之为成功领导者的"普遍素质"，还不是守成之君的"特需素质"。守成之君和创业之君面临的历史环境必然大不相同，所以做好守成之君，有其特殊要求。这就牵涉到之前提到的另两条：不扰民和克服享乐主义，这两点在汉文帝身上又是如何体现的呢？

守成之君的警戒：拒绝奢侈

守成之君的细分类型

我之前把中国古代的君主简略地分成开创型君主和继承型君主。其实这两种基本类型下还可以细分，尤其是继承型君主，可以根据他们的所作所为、历史影响，分成很多不同的子类型。司马光曾在一篇文章中把皇帝分成五种类型：创业者、守成者、陵夷者、中兴者、乱亡者。所谓创业者，就是我们通常所说的开国之君。这类君主最大的特点，都是"智勇冠一时者也"，即无论智慧还是勇气都能冠绝一时，这样的人才有机会、有能力统一天下。刘邦、刘秀、李渊、赵匡胤都属于这类君主。

除创业者外，司马光所提出的后四种类型的君主，其实都属于继承型君主，只不过他们继承后发挥的影响不同，因此被分成四个不同种类。所谓守成者，顾名思义就是能把祖业看守住，这类君主能够"兢兢业业，以奉祖考之法度，弊则补之，倾则扶之，不使耆老有叹息之音、以为不如昔日之乐"。意思是这类君主非常谨慎仔细，遵守祖上留下来的成法，如果法令有不合时宜出现弊端的，就对它进行修补，如果国家、社会中出现不良现象，就想办法纠正它，不会让那些经历过之前美好时代的老人叹息，说是现如今的日子不如以往了。能做到这一些，就能被称作守成之君了。守成的君主，未必都如创业型君主那样智勇冠绝一时。但一位中等才华的君主，只要能恪守法度，自我砥砺，也有可能成为一名优秀的守成者。比如在历史上留下过著名的"文景之治"的汉文帝和汉景帝，就是比较典型的守成之君。尤其是汉文帝，可以说是所有守成之君的典范。

和守成者相反的是陵夷者，才华很一般，还不知道自我砥砺、努力修行，"习于宴安，乐于怠惰，人之忠邪，混而不分，事之得失，置而不察，苟取目前之佚，不思永远之患，日复一日，使祖考之业如丘陵之势、稍颓靡而就下，曾不自知"。这类君主平时贪图享乐，不区分人的好坏，不省察事的得失，只贪图眼前安逸。时间久了，国家走势就会像行走在丘陵的下坡道上，蜿蜒向下，日渐衰败。这类君主在历史上非常多，不胜枚举，每个王朝经历了一段时间之后，都会出现这类享乐主义至上的君主。

在继承者当中，也会出现那种才华过人且又能自强不息的君主。这类君主"虽以帝王之子孙，而能知小人之艰难，尽群下之情伪，其才固已过人矣，又能勤身克意，尊贤求道，见善则迁，有过则改，如是则虽乱必治，虽危必安，虽已衰必复兴矣"。这类君主尽管身为帝王子孙，却能知道民间疾苦。本身具备优秀的才能，还能努力修为，尊师重道，勇于改过。如果有这样的君主继位，哪怕之前这个国家已经出现衰败的现象，也还有机会重新振兴，所以这类君主被称为中兴者。这类君主虽然不多，但在历史上也能找出几个，比如西汉的汉宣帝，虽然是汉武帝的曾孙，但从小长养在民间，深知人间疾苦。做了皇帝后，表现也不错，能使得国家强盛、百姓安乐。又比如唐代的唐宪宗，能在藩镇割据、唐朝中衰的情况下有所作为，对割据势力采取强有力的遏制措施，重新巩固中央权威，这也是了不起的中兴君主。

　　和中兴者相对的是乱亡者，这类君主是"下愚不可移者也；心不入德义，性不受法则，舍道以趋恶，弃礼以纵欲，谗谄者用，正直者诛，荒淫无厌，刑杀无度，神怒不顾，民怨不知，如是而有敌国则敌国丧之，无敌国则下民叛之，祸不外来，必自内兴矣"。这类君主所作所为都是和常理相反的，不重道义，无视礼法，平时作恶纵欲，荒淫杀戮，引得天怒人怨却还不知反省。如果这样的君主在位，有敌国的，这个国家必然亡于敌国，没有敌国的，必然被人民的力量推翻。司马光称这类君主为"下愚不可移者"，就像顽石一样，不可开化。历史上不乏这类君主，很多王朝后期君主都属于这种类型。

把后四种君主归归类的话，守成者和中兴者都是继承祖业比较成功的君主，陵夷者和乱亡者都是继承祖业不成功的君主。历史上这么多皇帝，陵夷者和乱亡者这两种类型加起来的数量，应该远远大于守成者和中兴者的数量。创业打天下是一件很难的事，其实要守住家业也不是件容易的事，甚至可以说要把祖业守好，一点都不比创业简单。否则为什么历史上的败家亡国之君比比皆是，而成功的守成、中兴之君少之又少呢？那么在继承型君主中，想要成为守成或中兴之君，而不做陵夷或乱亡之君的关键又是什么？

露台之金

先来看创业之君和继承之君最大的区别在哪里？创业之君都曾面对过强大的敌人，经历过艰难的条件，知道最终的成功来之不易，不少人还能保持克勤克俭，或坚持倾听民瘼，关注民生，至少能够做到行为举止有节制。继承型君主则不同，往往自幼锦衣玉食，坐拥丰厚的祖业，不知稼穑艰难，很容易滋生贪图享乐的生活习性。所以，可以说享乐主义是继承之君最大的敌人。能否克服享乐主义，就是能不能成为合格的守成之君的重要关卡，很多继承祖业的君主过不了享乐主义这一关，就成为导致国家衰亡的陵夷之君或乱亡之君。

想成为优秀的守业者，不辱没祖宗，就必须克服享乐主义，还是举汉文帝为例。汉文帝曾经想在骊山顶上高显之处建造一个露台，供登高凭览之用。一般皇帝对于这样的事情，都是想到就做，不问成本。皇帝富有四海，造一个小小的露台算什么？汉文帝跟这些皇帝不同，建造之前先找来工匠计算一下得花多少钱。最后算下来，大概要花费一百金。对于皇帝来说，一百金当然不算什么，但在当时的社会条件下，一百金已经是十户中等人家家产的总和，所以对普通老百姓来说一百金就是天文数字。汉文帝想了想，最终放弃了这个计划，觉得太铺张浪费了。

如果汉文帝一定想造这个露台，应该可以做到。西汉时期国家财政和皇室财政是有严格区分的，农业税和人头税归国家财政，山林渔泽之利，以及矿产、商业税等归皇室财政。汉文帝想造露台，只要不侵占国家财政，从他本来就有权力支配的皇室财政中拨付，应该不会遭到很大很激烈的反对。以当时的情况，划拨一百金造个露台，皇室财政应该完全可以胜任。汉文帝的可贵之处就在于，即便这是力所能及的事，最终还是决定不去做它。因为这不仅仅是钱的问题，还牵涉到身为皇帝应该如何为天下表率的问题。今天造一个抵得上十户中产人家资产的建筑，一点都不放在心上，明天就不会把一百户中产人家的资产放在心上，不谨小慎微，必然走向越来越奢靡的道路。加上上行下效，皇帝如此，达官贵人一定争相效仿、相互夸耀，一步一步走向把所有民脂民膏用来支撑上层社会的浮华生活，从而积累社会矛盾、引起社会动荡，"千里之堤溃于蚁穴"就是这个道理。

从这个角度看，罢建露台能体现出汉文帝长远的政治智慧。不唯如此，汉文帝为了积蓄国力、民力，一生保持着勤俭朴素的作风，不仅在穿着上不重纹饰，只穿粗料衣服，连他最宠爱的慎夫人也是"衣不曳地"。"露台之金"的故事被后人作为著名的政治典故，不停地用以告诫后世帝王戒奢戒侈。《资治通鉴》也是把它放在汉文帝去世的时候叙述，用这个故事来为汉文帝盖棺定论，体现汉文帝在治国上的过人之处。司马光改写了《史记》中的一段话，放在《资治通鉴》里，对汉文帝的治国特色作了总结："帝即位二十三年，宫室、苑囿、车骑、服御，无所增益；有不便，辄弛以利民。"凡是需要用金钱来铺垫的奢侈生活，一概不取。皇家的活动、命令妨碍到老百姓的生活的，一概向老百姓让步。除了司马光在这里提到的，汉文帝一生中还多次下旨，减免老百姓的税役负担。有钱干嘛非得用来建造露台呢，用来利民、宽减民力不是很好吗？这就是汉文帝为什么能成为后世继承型君主的最佳榜样。

汉文帝节葬

汉文帝在财政宽裕的时候也不愿意浪费百金来建造露台，和汉文帝相反，历史上的统治阶层中有许多人，即便在国困民穷、财政极度困难的情况下，也要满足个人享乐欲求，而且不仅要满足生前的，还要满足死后的。清朝末年慈禧太后去世时，陵墓的寝殿几乎是用黄金堆起来的，三座大殿的墙上涂的是金粉，柱上盘的是金龙，数百块天花板，每块天花板图案上的涂金都足够一两重。大家想想那是什么时候，那是王朝末年，国运如此艰难，强兵计划捉襟见肘的时候，但一个死人的陵寝却如此铺张奢华，民脂民膏就这么被糟蹋。大家有机会去慈禧陵看看，金粉、金龙早就被土匪、军阀刨光，大殿顶部的数百块天花板也被捅得只剩下五块半。我去过的古迹里，我觉得没有一个地方比它更能触动一个中国人的神经，这五块半残存的天花板就是近百年艰难国运的见证者，让我们看到，偌大一个国家是怎么被愚蠢的统治者消耗掉的。我觉得这才是最好的爱国主义教育基地，每一个中国人都应该在这里仔细思考这个国度的过去、现在与未来。

与此相反，来看看汉文帝的墓葬。从秦始皇开始，皇帝陵墓一般都工程浩大，秦汉两代尤其如此，从皇帝登基开始，一直建造到他死为止，耗费大量民力、物力。汉代皇帝的陵墓，一般都有巨大的坟丘，很多皇帝的陵墓至今还能辨认。但直到今天，我们依然不知道汉文帝的坟墓具体在哪个位置。我们只知道他去世后，安葬在长安城外东南方向的霸陵，这个地方另有一个大家非常熟悉的名称：白鹿原。但人们找不到一个属于他的巨大坟丘。这应该是汉文帝根本没有为自己营建大规模陵墓的结果。

汉文帝在临终前为自己的身后事作过安排，他在遗嘱中说："霸陵山川因其故，毋有所改。"不另建陵墓，不凿山，不绝水，而是借助原有的山川地形，不纵向深挖，利用自然丘陵斜面，横向挖出一个墓穴安葬即可。汉文帝整篇遗嘱最核心的内容就是要俭葬。所有陪葬器具，全都用瓦器，而不允许用金银铜锡来装饰。所以长久以来，秦汉帝王的陵墓基本被盗掘过，但从没听说汉文帝的霸陵曾遭盗掘。汉文帝生前就和大臣们讨论过墓葬问题，大臣张释之说："使其中有可欲者，虽锢南山尤有隙；使其中无可欲者，虽无石椁，又何戚焉！"这话怎么理解？如果帝王死后依然奢华侈靡，把大量珍贵的随葬品带入坟墓，那么就算用铜铁把整座山密封加固作为坟墓，还是会被人找出缝隙加以盗掘，因为里面有别人想要的东西。如果帝王在葬礼上倡导节俭，不带什么珍贵物品随葬，即便只有一口薄棺，不在棺材外套任何东西，也不会有什么问题，因为里面没有值得盗掘的东西。汉文帝对张释之的说法非常赞同，并最终把它付诸实践。

　　司马光对汉文帝俭葬的态度非常赞赏，唐太宗李世民受长孙皇后的影响，生前也表达过希望俭葬的意愿，《资治通鉴》对这一点也特别予以表彰。唐代的长孙皇后是一位有名的贤后，临终前对唐太宗说："妾生无益于人，不可以死害人，愿勿以丘垄劳费天下，但因山为坟，器用瓦木而已。"长孙皇后说自己活着的时候，没做过什么有益的事，不能因为自己的死而让别人受害，所以坟墓葬礼一切从简，以山为坟即可，随葬品用瓦器、木器就可以了。唐太宗非常感动，还把长孙皇后的话刻在石头上，以劝诫后世。可惜的是，唐太宗死后，子孙还是厚葬他，使得他没能践行夙愿。

　　司马光为什么欣赏俭葬？这不仅仅是节约一些财物的问题，而是同样关乎治国成败。为什么这么说？关键就是长孙皇后临终遗言所说的"以死害人"四个字。浩大的陵墓工程要耗费几多民力，必然影响老百姓正常的生产、生活。大量壮劳力都被从农田耕作中抽调出来，从事陵墓建造，那么正常的农业生产如何维持呢？再加上那些丰厚的随葬品，不都是民脂民膏吗？农业社会里面，一夫不耕不得食，一妇不织不得衣。为了帝王的死后荣光，多少匹夫匹妇的正常生活被摧毁？所以巨大的帝王陵墓必然是巨大的扰民工程。从这个角度看，俭葬还是厚葬就不是单纯的经济问题，而是十分重要的政治问题，这是司马光欣赏俭葬的原因。

我曾总结汉文帝的为政之道重在三条：不挠法、不扰民、克服享乐主义。扰民和享乐主义具有很大的关联性。统治阶层若沉湎于奢华的享乐生活，并且还要在死后的墓穴中仍然保持这种排场，必然要通过大量的扰民活动才能支撑。所以享乐主义很大程度上和扰民政治是共生的，只有克服享乐主义，才能把时间和财富还给人民，不打扰老百姓最基本的生活，从而维持国家社会的安定。汉文帝在这方面是成功的，与此相反，秦朝的统治在这方面非常失败。甚至可以说，扰民政治是秦朝失败最重要的原因之一。

秦朝的失败经验

秦王朝的历史非常短，从秦始皇统一到子婴向刘邦投降，前后十五年时间，在《资治通鉴》中仅占一卷半的篇幅。作为第一个统一王朝，当然会面对很多新形势，统治经验缺乏是大问题。但细读《资治通鉴》这段内容，我们可以发现滥用民力不绝于书，严重扰民与无节制的享乐主义观念确实是秦朝在短时期内灭亡的重要原因。首举反秦大旗的陈胜、吴广，和后来夺得天下的刘邦，都是在向朝廷输送壮劳力的过程中发动起义的。

关于民夫征调，我随手举几个例子。秦始皇在统一之后，为加强国家控制，修建通往各地的驰道，随后派遣蒙恬率领三十万大军防御匈奴，又征派五十余万人口到南方，与当地的越人杂居。这几件事动用男壮劳力不下百万，倒还有个说法，是为了国家安全与拓建，一下子征调的劳动力过多，只是没控制好节奏，不存在统治阶层享乐主义问题。但与此同时，秦始皇并没有放弃因享乐主义而扰民，还在统一的过程中，每灭亡一个诸侯国，秦始皇就模仿该国宫殿的样子，命人修建于渭水北岸，同时还在渭水南岸修建宫殿群，即"自雍门以东至泾、渭，殿屋、复道、周阁相属"。一大片宫殿区，比屋相连，非常考究，复道就是在殿阁之间上下平行的两条通道。随后秦始皇为修建阿房宫，为自己营建骊山陵墓，发动人役七十万。不仅阿房宫在设计上极尽奢华，骊山陵墓的地下世界丝毫不亚于地上宫殿。史书记载骊山陵墓："下锢三泉；奇器珍怪，徙藏满之……以水银为百川、江河、大海，机相灌输。"往下挖得很深，穿过三个地下水层，不仅葬满了奇珍异宝，还以机械滚动水银，来象征地上的江河百川，这是多么浩大的工程！秦朝有多少人口，由于没有留下统计数据，我们不知道确切数字。直到西汉末年，全国人口大概六千万不到，这期间有人口自然增长，也有因疆域扩大、国家控制力加强而增进统计的人口数字。我们粗略估计一下，秦朝的人口至多二千万，应该不会超过三千万，这里面还有老人、妇女和儿童，男壮劳力大概也就千余万。秦始皇动辄征调几十万、上百万人役，在当时的人口总量下，这是什么概念？老百姓基本的生产、生活被破坏殆尽了。

这种糟糕的统治策略，在秦二世即位之后有增无减。二世继续修建阿房宫。由于过度奢靡，光宫里养的狗马禽兽的粮食都成为巨大的问题。于是秦二世下令让各地老百姓为宫殿里的狗马禽兽转运粮食，负责运粮的民夫在路上必须自备口粮，政府不予解决。为支撑宫廷贵族的奢华生活，"咸阳三百里内不得食其谷"。秦朝首都咸阳周边方圆三百里地的百姓，不能吃自己种出来的谷子。为什么？这些谷物首先要被拿去满足宫廷生活。这样的王朝不亡何待！终于爆发了轰轰烈烈的大起义，几乎全民都加入反对秦朝统治的队伍。

在起义如火如荼的时候，很多大臣劝诫秦二世，罢省民力，停止大规模的宫殿、陵墓修建工程，减低赋税，给予老百姓宽松的生活环境，以缓解社会矛盾。此时的秦二世，仍然毫无反省统治策略的想法，坚持享乐主义理念，回答大臣们说："凡所为贵有天下者，得肆意极欲……夫虞、夏之主，贵为天子，亲处穷苦之实以徇百姓，尚何于法！"二世说，皇帝富有天下，当然应该随心所欲来满足自己的欲望，否则做皇帝干吗？古代的那些天子，像尧舜禹这样的，做了天子了还穷巴巴地和老百姓一起吃苦，这怎么值得效法！这是秦二世的享乐主义治国理论。而且秦二世还说，修建宫殿这件事既是先帝（也就是秦始皇）的主张，也是彰显先帝统一天下丰功伟绩的工程，大臣们却认为是滥用民力，那不是非毁先帝吗？于是秦二世下令，逮捕所有提意见的大臣。此后不久秦朝也就灭亡了。

　　这就体现出秦始皇父子和汉文帝不同统治策略的不同后果，秦朝统治者穷奢极欲而迅速灭亡，汉文帝坚持不扰民、克服享乐主义的治国理念，开创了历史上著名的"文景之治"时代，为国家的长治久安作出了巨大贡献。其实汉文帝并不是一个没有缺点的人，人无完人，汉文帝也不例外。比如汉文帝蓄养男宠邓通，汉文帝接见大臣的时候，邓通老在身边，很不严肃。丞相申屠嘉一度想斩杀邓通以严肃朝廷纲纪，最终还是被汉文帝拦下来了。在这些小节上，汉文帝也有不足。但在治国的大方向上，汉文帝把握得非常好。汉文帝的儿子汉景帝的缺陷就更多了，但他们父子创造的文景时代，老百姓家给人足，天下太平，后来的人们都景仰向往，关键在哪里？司马光说，其实也很简单，对于老百姓"勿扰而已"，因为老百姓都是喜欢和平安乐的，只要你不去打扰他们，让他们生产、生活有规律，不受大的影响，他们是不会主动给这个社会制造麻烦的。

七国之乱：消化矛盾，计划周密

七国之乱的起因

中国古代的历史很悠久，但国泰民安，成为后世公认治理典范的稳定时代却很少，诸如"文景之治""贞观之治"，是为数不多受到后人认可的时代，前者指的是西汉文帝、景帝时代，后者指的是唐太宗时代。西汉历史虽然以"文景"两位皇帝并称，但我认为汉景帝的成功主要源于他父亲打下的良好基础，就个人能力而言，汉景帝的政治智慧远远不如汉文帝。汉景帝有很多处置失当的事件，不过运气还算不错，最终没有酿成大祸。如何判断文景两帝的高下优劣？其中很重要的一点，就是在处理矛盾的时候，汉文帝懂得利用时间来消化矛盾，这样可以把为解决矛盾付出的代价降到最低，汉景帝却不懂得这个道理。我以西汉历史上著名的"七国之乱"为例予以分析。

　　"七国之乱"爆发在汉景帝时代，以南方的吴国为首，有七个诸侯国联合反抗中央政府。策划、主持这起大叛乱的吴王刘濞，是刘邦的侄子。他为什么造反，诱因在汉景帝还是太子的时候就埋下了。刘濞曾让自己的儿子到长安朝觐，这孩子和当时的皇太子，也就是后来的汉景帝下棋，起了争执，两个年轻人互不相让，结果皇太子抄起棋盘，失手把刘濞儿子给打死了。祸已经闯下了，汉文帝就派人把刘濞儿子的尸体运回吴国，让他们安葬。刘濞当然不高兴，去的时候一个大活人，回来的时候成了一具尸首。刘濞拒绝接收，让汉朝使者把尸体运回长安，并且说，死哪儿就葬哪儿，干吗非得运回来。这个态度当然是表示强烈抗议。

　　这件事让刘濞耿耿于怀，开始对中央朝廷在礼数上有所不恭，时常托病，不亲自到长安朝觐，每次到该朝觐的时候都派使者代表。朝廷当然知道他是为了儿子的缘故而心怀怨恨，所以也多次案问刘濞派来的使者，刘濞到底怎么回事，为什么不尽藩臣礼节。朝廷的追问又使得刘濞心生恐惧，害怕朝廷以他失礼为理由讨伐他，所以暗地谋划造反。

　　刘濞是一位比较强势的人物，也很能打仗。当年刘邦正是看中他这一点，才封他为吴王，让他镇守东南。刘濞所统治的吴国，又是一块物产丰裕、非常富庶的地盘。若刘濞真要造反，对中央政府来说也是一件非常头疼的事。对于这场危机，汉文帝是怎样应对的呢？

文、景两帝的不同应对

有一次吴王派了个使者到长安请示工作。汉文帝又问这位使者，吴王到底是真病还是假病，为什么这么久不来朝觐。这位使者老老实实地回答，吴王并没有病，心怀怨愤罢了。如果中央政府不断追问指责吴王，搞得双方关系更为紧张，那真有可能逼得吴王铤而走险。所以这位使者建议汉文帝，不如捐弃前嫌，安抚吴王，把他的心稳住，修复双方关系，这样他倒不一定造反。

汉文帝觉得这位使者说得不无道理，决定以静制动来化解这场矛盾。他派人赐给吴王几和杖，这是皇帝表示敬老的礼节。几是小几案，老年人体力不支可以凭靠，杖更是老年人用的东西。吴王当时五十几岁，放在今天来说生活才刚开始，但以两千多年前汉代人的平均寿命而言，五十几岁可以算老人了。汉文帝赐吴王这些东西的意思是说，吴王你年纪的确大了，不必长途跋涉来长安朝觐了。这样一来，吴王不朝觐就变成合法了，是皇帝赐予的特权，也就不用靠装病来托词朝觐。汉文帝这一招的确让双方关系暂时缓和下来了。所以汉文帝对付刘濞的主要策略是安抚，并取得了比较好的效果。

汉文帝去世之后，汉景帝继位，在对付刘濞的策略上一反汉文帝的做法，结果惹出一场大麻烦。

景帝时代出了个人物叫晁错，很聪明很有才干，颇得汉景帝信任。晁错鉴于当时诸侯王势力太强的局面，建议汉景帝削藩。西汉初年的诸侯王，往往占据一块很大的土地，在这块土地上，租税由他们收缴，官员由他们任命，军队也由他们统辖，势力的确很庞大，对中央政府来说是一种潜在的威胁。所谓削藩，也就是要通过削夺他们的土地，一步步来削弱他们的实力。在晁错的削藩策中，刘濞的吴国首当其冲。

晁错对汉景帝说："吴王前有太子之却，诈称病不朝，于古法当诛。""太子之却"指的就是吴王儿子被汉景帝用棋盘打死的事。按照晁错的分析，刘濞对此事肯定一直耿耿在怀，所以这么多年一直诈病不朝觐。加上吴国这块地方这么富裕，刘濞手里掌握着这么丰富的资源，从而招纳亡命、蓄养死士，这么发展下去，刘濞恐怕迟早是要造反的。晁错又说："今削之亦反，不削亦反。削之，其反亟，祸小；不削，反迟，祸大。"反正他迟早要造反，不如逼着他早点反。早反，他准备工作不充分，造成的祸害小。给他时间，容他慢慢做准备，等他准备好了再造反，主动权就被他掌握，酿成的祸害大。

汉景帝在晁错的建议下开始削藩，打算削夺刘濞管辖的土地。果然引起了刘濞的恐惧，害怕中央政府削夺无已，最终决定铤而走险，联合其他被削夺土地的诸侯王，一起造反。在刘濞的联络、策动下，一共有七个对中央怀有不满情绪的诸侯王打算联手造反。这就是历史上著名的"七国之乱"。这一年刘濞六十二岁，他最小的儿子十四岁，也从军参战，所以刘濞下令吴国境内以他父子的年龄为标准，凡是十四岁以上，六十二以下的男子，都征发从军。这一下子，光吴国发动的军队就有二十几万，再加上其他几个诸侯国的军队，声势浩大。

是否真如晁错所分析，即便不削藩，刘濞也会积蓄力量，找时机造反，造成更大的危害？是不是存在另外一种可能，不削藩的话，刘濞就不会造反？很难确定，因为历史不能假设。我们只看到，削藩之后刘濞真的造反了，给汉朝中央带来了不小的麻烦。不过这一点应该在晁错的预料之中，因为按照他跟汉景帝分析的，削藩本来就是要逼刘濞趁早造反。所以当刘濞真造反时，晁错该有应对之策才是。但晁错接下去的言行令人大跌眼镜。

面对来势汹汹的七国叛乱，晁错先是给汉景帝出了两个主意。第一个主意，建议汉景帝御驾亲征，由他来镇守长安。这个主意非常不恰当，你建议皇帝削藩，削出一场大祸，却把皇帝支到前线去，亲自冒枪林弹雨的风险，自己躲在后方。另外这个主意在古代政治中也很犯忌讳。皇帝自己要上前线，派你留守那是一回事。现在你提出来要皇帝上前线，自己留守，意欲何为？等着皇帝死在前线，自己占领首都，自立为王？即便你不是这么想的，别人也可以这么来猜测你。所以作为大臣，提这样的建议非常不合适。

　　一看这个主意不行，晁错又出了第二个主意。晁错说不如这样，不削他地盘了，另外再送两个县给他，安抚一下。这个主意更荒谬。造反是闹着玩的吗？人家已经把造反的旗帜扛起来了，几十万的军队都动员起来了，哪这么容易罢休？而且一开始要削藩，藩王一造反，不仅不削了，还另外给土地，不仅表明朝廷的政策前后矛盾，而且还向叛乱者示弱。晁错这两个主意举止失措，从中我们看出，晁错挑了这么大的事，对于该如何善后，却根本没有事先筹划过。这不能不说举事鲁莽。

　　汉景帝大概也没料到晁错没有后招，对于该如何平息叛乱六神无主。这个机会就被晁错的一个政敌利用了。晁错有个政敌叫袁盎，素来和晁错有水火不容之势。刘濞造反，为了博得更多的同情和支持，名义上是针对晁错，而不是汉景帝，宣称是晁错误导汉景帝，逼得他们没办法才造反。袁盎就利用这个机会对汉景帝说，只要杀了晁错，以刘濞为首的反王自然罢兵。汉景帝正没招呢，病急乱投医，袁盎这招虽然有点损，但沉默之后，汉景帝还是表示："吾不爱一人以谢天下！"意思就是打算牺牲晁错来向叛乱者塞责。

　　在汉景帝和袁盎的秘密策划下，几位官员上奏弹劾晁错，因削藩挑起事端，激发叛乱后又措置无方，建议腰斩晁错，并诛杀他父母、妻子、兄弟。汉景帝画圈同意，然后派使者去召晁错。晁错对这个阴谋一无所知，自以为和汉景帝铁着呢，使者来无非是接他去见汉景帝议事。于是晁错穿着上朝的衣服就跟着使者出门了，结果被使者直接拉到刑场，"衣朝服斩东市"，穿着朝服就被斩了。

晁错一心想帮助汉景帝巩固统治，最终却被汉景帝出卖了，结局固然凄惨，后世很多史评家却说，晁错的下场也有咎由自取的成分。为什么？有句古话："谋始尽善，克终已稀；始而不谋，终则何有！"很多事情，一开始就筹划得很好，要坚持到最后，得到一个好的结局都很困难，更何况一开始就不谋划。削藩这么大的事，并且已经预料到被削夺的藩王可能会造反，晁错却根本没有准备如何应对，不能不说过于鲁莽。至于晁错在准备不周的情况下急于削藩，他的心态是什么，我们留待下文再分析。袁盎在国难当头的时候挟私报复，残害晁错，令人不齿；汉景帝居然出卖自己的心腹大臣以讨好叛臣，也是昏君庸主的作为。这件事上，三个人的行为没一个妥当的，都难免被后人讥诮。

依靠武力平乱

杀了晁错之后，刘濞的反叛诸侯并没有如汉景帝的愿停止战争，魔鬼一旦被放出来，就没那么容易再关回去。刘濞既然已经走上这条路，就不会仅仅因为晁错之死而罢手，对于这一点，汉景帝不应该想不到。所以杀晁错，不仅不可能平叛，还会使其他愿意为国效忠的臣子寒心。现在对于汉景帝来说，更关键的是接下来该怎么办？好在他父亲汉文帝在临终前给他留下过一个秘密武器，正是在这个秘密武器的保护下，汉景帝总算有惊无险，过了这道难关。

这个秘密武器是什么？是一位名叫周亚夫的将领。汉文帝生前发现了周亚夫这个人才，临终前嘱咐汉景帝，万一有紧急情况，周亚夫可堪重任。这时候汉景帝想起了父亲的临终嘱咐，启用周亚夫，命他率军平定叛乱。

关于文帝是怎么发现周亚夫的，留待下一章专门介绍周亚夫的时候再交代，这里不生枝节。总之文帝的确慧眼识英雄，没看错人，周亚夫真有两下子。同时，汉景帝还有个亲弟弟，被封为梁王，这种时刻他当然得和哥哥同生共死，所以梁王也率领自己的军队拼死抵抗叛军。周亚夫的策略是，以梁王的地盘和军队为诱饵，吸引住刘濞的叛军，他自己率领中央军出奇兵，截断刘濞的粮道，以困死刘濞。因为叛军的强大，梁王作战非常艰苦，一度陷入巨大的危机。所以梁王数次派使者向周亚夫求救，但周亚夫坚决贯彻自己的战略意图，不分散兵力去救援梁王。果然，过了不久，断绝叛军粮道这招的效果逐渐体现出来了。叛军无法忍受饥饿，梁王的地盘又久攻不下，于是转而扑向周亚夫的军队，希望通过击退周亚夫以解放粮道。周亚夫坚壁不战，让叛军继续饿着，并消磨他们的意志。

无奈之下，叛军决定发动一次偷袭来解决周亚夫。他们也很有策略，装作是要进攻周亚夫军营的东南角。结果周亚夫非常精确地判断出这是假象，要求部将们做好西北角的防御工作，果然叛军真正发动进攻的时候是冲着西北角去的。由于周亚夫事先做了精心的布置，这一仗将叛军打得大败而归。

吃又没得吃，仗又打不赢，叛军内部开始人心动摇，逐步到了崩溃的边缘，刘濞等人不得不撤军后退。叛军一撤退，周亚夫就抓准机会派精兵追击，叛军被击溃后瞬间瓦解。刘濞带着一干亲信弃军逃走，另一位领头参与叛乱的诸侯楚王刘戊自杀。刘濞在逃入东南地区少数民族部落之后，被少数民族头领斩杀，传首长安。这样，从刘濞起兵，到周亚夫平叛，前后大概三个月时间，汉帝国经历了一场腥风血雨，汉景帝最终有惊无险，渡过难关。

文帝的时间策略

把整个历史事件交代完，现在可以来分析、比较汉文帝和汉景帝之间的不同了。汉文帝对付刘濞的基本策略是安抚，前文已经介绍。光用安抚就能确保刘濞这样的诸侯王不造反吗？这就能看出汉文帝的高明吗？细读这段历史可以发现，安抚仅仅是面上看得到的内容，汉文帝对付刘濞的策略是非常全面、非常复杂的，值得好好分析一番。

西汉初期诸侯王强大，对中央政府存在潜在威胁，是很多有识之士已经认识到的问题，汉文帝时代就有很多人针对这个问题上过奏章，当时著名学者贾谊就是其中的代表。贾谊有几篇著名文章对后世影响很大，其中有一篇就是为汉文帝分析天下形势的《治安策》。贾谊对汉文帝说："臣窃惟今之事势，可为痛哭者一，可为流涕者二，可为长太息者六！"意思就是说当今天下形势很糟糕，很多事情可以为之痛哭、为之流涕、为之叹息。其中最可为之痛哭的，贾谊认为莫过于诸侯王势力之强大，危及中央政权。用贾谊的话说："天下之势方病大瘇，一胫之大几如要，一指之大几如股。"天下形势就像个患了浮肿病的病人，小腿肿得跟腰一样粗，一个手指肿得跟大腿一样粗。人要长成这样真太可怕了，这还成人形吗？这里肿胀的小腿、手指就被用来比喻那些势力强大到足以和中央抗衡的诸侯王。在文章里，有三个不太安分的诸侯王被贾谊点了名，其中就有吴王刘濞。鉴于严峻的形势，贾谊建议汉文帝逐步削弱诸侯王的势力，以巩固中央政权。

汉文帝对于贾谊的才华非常赞赏，却并未接纳贾谊的建议开始旗帜鲜明地削弱诸侯。除了贾谊之外，其实晁错的削藩建议，早在汉文帝的时候也已经提出过，而且主要针对的就是吴王刘濞，但晁错的建议没有被汉文帝采纳。这套建议到汉景帝继位后才被接纳。

贾谊和晁错的建议汉文帝都没有采纳，是不是说明汉文帝无能，对诸侯王坐大的局面无可奈何？后来汉景帝积极有为、主动出击的策略更正确？不能这样理解。汉文帝是一个非常有城府，也非常有手段的皇帝。从对待贾谊、晁错的态度可以看出来，汉文帝对付诸侯王的主要策略是以静制动。为什么要以静制动？以吴王刘濞为例，前文提到刘濞的年龄，造反那年他六十二岁，这样就可以推算出来，他应该比汉文帝长十三岁。再往回推算，文帝时期，刘濞因为儿子被打死的原因，诈病不朝，那时候也已经五十多岁了，就当时而言已经算是老年人。刘濞的不逊，存在谋反的可能，汉文帝当然心知肚明。但汉文帝还是采用安抚的手段，赐他几杖，用优厚的礼节奖崇他，使得他没有起兵的理由。《论语》云："名不正则言不顺。"刘濞即便真想造反，也需要充足的理由来获得更多的支持。汉文帝的策略使得刘濞没有起兵借口。如果这时候的刘濞正处于三四十岁的壮年期，文帝一味安抚的政策能不能一直管用就很难说。因为刘濞时日还长，他若处心积虑真要造反，说不定哪天就逮到理由了。但问题是文帝在位的时候，刘濞已经是五十好几的人了，尤其是文帝晚期，刘濞已经五十八九岁了。随着年龄的增长，刘濞铤而走险的可能性会逐步下降。如果文帝的策略能再持续十年，能把刘濞稳到七十岁左右，那他造反的可能性更低。所以王夫之对这件事有非常精辟的评论："是谊与错之忧，文帝已忧之。而文帝之所持，非谊与错所能测也。……智者知天之消长以为动静，而恒苦于躁者之不测其中之所持。"前两句是讲，贾谊和晁错担心的诸侯王问题，文帝其实早就明了，但文帝心思缜密的筹划却非贾谊、晁错之辈所能知。后两句是讲，文帝是一个知时的人，懂得运用自然规律，这里的自然规律指的就是不可逆转的年龄增长。文帝打算用"拖"字诀，把刘濞拖到没有能力造反的年龄，这样解决矛盾的成本可以降到最低。

可惜的是，文帝死得早。文帝去世的时候四十六岁，那一年刘濞五十九岁。景帝一反文帝的策略，主动出击，逼反刘濞，用王夫之的话说，这就是"躁动"。不要去刺激刘濞，跟他赛时间，把他熬死，避免七国之乱的发生，有没有可能？这种可能性不能说不存在。因为无论是刘濞自己，还是汉景帝，在七国之乱爆发以后，都强调了年龄问题。刘濞说他六十二岁的人，头发都白了还要造反，图什么？那是因为不得不反。汉景帝也说刘濞："白头举事，此其计不百全，岂发乎！"这话反过来理解，那就是这个年龄本不应该造反。

所以如果继续执行文帝的策略，不要倒逼刘濞造反，会不会有七国之乱的确很难讲。因为刘濞是当时诸侯当中最有能力、最有实力的诸侯王，如果巧妙利用时间优势，把他熬死，再用时间一步步解决诸侯王的问题，可能比通过一场战争来解决这个问题花的代价要小得多。而且从晁错的筹划来看，如果不是因为有周亚夫，这场战争的结局也很难讲中央政府必胜。

那文帝的策略完全是消极的吗？万一没有按他预料的方向走怎么办？这一点文帝也早有预想，才会临终前对汉景帝说，万一有突发情况，周亚夫可堪大任。这里所谓的"万一"，恐怕很大程度上就是针对刘濞而言。所以万一安抚策略无效的话，文帝也早已准备好了大杀器：周亚夫。这样分析下来，从眼光长远、心思缜密等角度来看，汉景帝跟他父亲相比差得太远。

汉文帝懂得利用时间消化矛盾这一点，是我们最终要点出的重点。时间是宇宙赋予人类的一种巨大力量，也是束缚人类的一种重要限制。人和人之间的竞争，要善于利用年龄优势，这里面就体现着时间的威力。这个技巧年轻人往往把握不好，因为他们来到这个世界的时间本来就不长，无法体会时间的威力，所以容易犯"躁动"的错误，汉景帝和晁错就是典型。

"雄猜"悲剧：不可试探人性

名将的生死恨

中国古代有很多名将，经历过战场上的各种风浪，最终却在政治舞台上翻船。京剧表演艺术大师梅兰芳先生有出名剧叫《生死恨》，我在这里也借这个题目用一用，来谈谈名将的生死恨。从《资治通鉴》的角度来看，当然不仅仅是关注名将的命运，更要注意皇帝们应该如何保持和这些名将的关系，处理方法是否具有政治智慧。

本章打算谈两位将军和他们遇到的皇帝，一位是汉代名将周亚夫，一位是唐代名将李绩。或许有人会说，这不是"关公战秦琼"吗？为什么把汉唐两代的名将放在一起讲？千变万化的历史事件背后总有一些不变的道理，《资治通鉴》想通过梳理一千三四百年的历史向帝王们揭示治国最基本的道理，其立足点正在于此。周亚夫和李绩看上八竿子打不着，运命轨迹也完全不同，通过《资治通鉴》治国理念的视角，却能读出两者相反或相似之处。

先来谈周亚夫。周亚夫是西汉开国功臣周勃的儿子，从汉文帝时代开始崭露头角。汉文帝曾有一次视察各个军营，只有到了周亚夫的营里，才觉得这像是个军营的样子，因此称赞周亚夫为"真将军"，意思是说只有周亚夫这样的，才配称得上是真正的将军。这个故事非常有意思，下面展开细说。

汉文帝晚期，汉朝和匈奴的关系一度非常紧张。匈奴六万骑兵，兵分两路，从今天的内蒙古中部、陕西北部一带，向汉朝边境发动进攻，情况危急，长安发出预警。汉文帝选派六位将领分别驻守各个军事要地，其中周亚夫受命驻守细柳，在长安城西北，是保护首都长安的要地。这是保家卫国的头等大事，汉文帝亲自到各个军营劳问将士。前面走了几个营盘，一听说皇帝来劳军了，都是营门大开，汉文帝和他的随从长驱直入，将军亲自率领一干大小校尉迎来送往。所有人都觉得这个场面很正常。但到了周亚夫的细柳营，令汉文帝意想不到的情况发生了。

虽然还没有和匈奴直接交战，但周亚夫细柳营里的将士们，一个一个被坚执锐，门禁森严。汉文帝的先遣队伍先达到，告诉细柳营的卫兵，皇帝的车队马上就要到达了，要求将士们大开营门迎接皇帝。结果这个要求直接被卫兵驳回，卫兵回答得非常干脆："将军令曰：'军中闻将军令，不闻天子之诏。'"军营里面只有将军的命令，没有天子诏书一说。在接到将军令之前，不接受其他任何指令。正在僵持当中，汉文帝到了。哪知卫兵非常忠于职守，坚决不放行。没有将军的许可，皇帝的车队也不许进营。

　　无奈之下，汉文帝只得先派一名使者，拿着代表皇帝的节去见周亚夫，告诉周亚夫皇帝亲自来劳军了，车驾已到营门外，却被卫兵拦住进不来。于是周亚夫才传下将令，命卫兵放行。这下卫兵总该打开营门，给汉文帝的车队放行了吧，事情还没这么简单结束，卫兵在正式放行之前，告诫汉文帝的车队："将军约：军中不得驰驱。"将军的规矩，在军营内不得任意奔驰。身为皇帝，对于卫兵这样的告诫，汉文帝不仅没有生气，反而被这种恪守职责的精神感染了，于是放缓车马的脚步，徐徐行进。入营以后，只见周亚夫身披铠甲，全副武装，并没有因皇帝的到来而跪拜迎接，仅仅作了个揖，对汉文帝说道："介胄之士不拜，请以军礼见。"按照古代军礼，穿着铠甲的将士没有向人跪拜的礼节，即便是皇帝来了，也可以按照军营里的规矩行军礼。

　　从"门卫风波"，到这一路走来看到细柳里的军容军纪，以及站在面前的这位治军有方、气宇不凡的将军，使得汉文帝深深为之动容，不知不觉地也加入维护军纪威严的队伍中去，不仅没有责怪周亚夫怠慢，反而充满敬意地向周亚夫回施了一个"式车礼"，就是汉文帝站在车上，双手搭在车厢前面的横木上，微微鞠躬，向周亚夫表示敬意。并且派人向周亚夫称谢，说道："皇帝敬劳将军。"大家看，汉文帝在对周亚夫的语言劳问中，还特意用了个"敬"字，以此表示对周亚夫治军的肯定和敬佩。

从细柳营出来后，汉文帝感慨道："嗟乎，此真将军矣！曩者霸上、棘门军若儿戏耳，其将固可袭而虏也。至于亚夫，可得而犯耶！"这才是真正的将军啊！与之相比，之前走过的那几个营盘，简直是儿戏！一听说有上峰来，就颠颠地全跑过来瞎忙活，忘了军人的基本职守。这样的特点很容易被敌人利用偷袭。周亚夫的军营呢，皇帝要进去尚且这么困难，怎么可能留机会给敌人呢！

这个两千多年前的故事，今天读来仍有生气。卫兵的恪守精神，面对皇帝的车队毫不畏惧退缩；周亚夫治军有法，在皇帝面前不卑不亢，保持独立的将军品格；汉文帝的豁达大度，不以个人委屈考量，而是从国家利益出发，对周亚夫给予了高度肯定，都能令今天的读者感动。

周亚夫之死

一个多月后，匈奴军队撤离，双方没有发生大规模战争。不久汉文帝也去世了，所以周亚夫的才能在汉文帝时代并没有得到真正施展。但汉文帝在临终前告诫他儿子汉景帝说："即有缓急，周亚夫真可任将兵。"万一有什么情况，周亚夫可以拜将。后来果然爆发了七国之乱，七个诸侯国联合起来反叛中央政府，汉景帝就想起父亲的遗言，命周亚夫领兵反击。在周亚夫的战略安排下，激战三个月，叛乱被平定。周亚夫的军事才能得到真正的展现。

平定七国之乱后，汉景帝非常信任周亚夫，任命他为丞相。然而政坛不比战场，周亚夫长于用兵，却不擅长在政坛上周旋。汉景帝要废太子，这位太子因为母亲姓栗，所以史书上常称为"栗太子"，这件事遭到周亚夫的反对。由此汉景帝开始对周亚夫稍有不满。

废除了栗太子，汉景帝立王夫人为皇后，也就是汉武帝的母亲。王皇后非常乖巧，很得婆婆窦太后的欢心。窦太后就建议汉景帝给王皇后的哥哥封侯。汉景帝出于谦让，说这事要和丞相商量，于是就问周亚夫的意见。周亚夫很实事求是，说皇后的哥哥对国家没有贡献，不应该封侯。汉景帝听到这个意见后的反应非常耐人寻味："帝默然而止。"虽然没有给大舅子封侯，但当时的神情是"默然"，心里面对周亚夫这个意见什么看法，很难琢磨。之后又发生了一件关于封侯的事，汉景帝就对周亚夫的意见公开表示反对。有六位匈奴贵族投降汉朝，汉景帝打算封他们为侯，以此来劝诱更多匈奴贵族的归降。但周亚夫认为这些人虽然归降汉朝，站在匈奴立场上说却是叛臣。厚赏叛臣，不利于砥砺大臣们的节操。汉景帝说："丞相议不可用。"直接把周亚夫的意见驳回，封六位匈奴降人为侯。周亚夫面对皇帝公然的驳斥，也就趁机把丞相给辞了。汉景帝对周亚夫的公开驳斥，有没有上次封大舅子未成的积怨在里面，不得而知，但我们的确能看到，打这以后汉景帝和周亚夫之间的关系越来越疏远。

两人这种不冷不热的关系维持了几年，忽然有一次汉景帝把周亚夫召到宫里赐食。周亚夫到了一看，他的食案上摆着一大块没有切片的肉，又没摆筷子。周亚夫心里很不痛快，这到底是让他吃啊，还是不让他吃啊！于是就向管事的要筷子。汉景帝当然也看出了这种不痛快，冲着周亚夫笑了笑，说："此非不足君所乎？"汉景帝的意思是："不放筷子是我的意思，你对此有不满吗？"这是很莫名其妙的事情，正儿八经请人吃饭，肉块不切片不说，还故意不放筷子。周亚夫表面上不能发作，心里能痛快吗？于是就向皇帝谢罪告辞了。汉景帝目送周亚夫离开后说了句话："此鞅鞅，非少主臣也。"这不是一个能绝对服从皇帝的人，一顿饭就能让他这么不高兴，等我儿子继位后恐怕驾驭不了他。这句话道出了汉景帝的心声。看来这次宴席是汉景帝特意安排来试探周亚夫的，看周亚夫是不是一个能委屈自己服从皇帝的人。经过试探，汉景帝的结论是周亚夫不是这样一个人。这个结论注定了周亚夫的悲惨结局。

　　过不久发生了一件事情，给了汉景帝一个整治周亚夫的机会。古人重葬礼，周亚夫又是名将，他儿子打算预先为他买五百具甲楯，供以后陪葬用。周亚夫的儿子做这件事有点欠思忖，甲楯是兵器，他还偷偷向专为皇家制造器具的尚方去购买，找人搬运，极其劳苦，却不给人家工钱。雇佣工人知道他是私下偷买的皇家器具，在拿不到工钱之后就把这件事给告发了。周亚夫因此受到牵连，也被逮到监狱里拷问。一来周亚夫不一定知道自己儿子干的那点事，二来自矜身份，对于狱吏所提的任何问题都不予回答。汉景帝知道这事之后大怒，说了四个字："吾不用也！"什么意思？意思就是说，不管周亚夫招不招供，不需要等他有供词再定罪。汉景帝这句话杀机已露，之所以不需要周亚夫的供词，就是无论如何都要置周亚夫于死地。

　　后来汉景帝让负责司法的最高官员廷尉亲自审问周亚夫。廷尉问周亚夫说："甲楯是兵器，你买兵器干吗，想造反啊？"周亚夫说："我儿子给我买的这些是打算陪葬用的，属于葬器，不是兵器，怎么说我造反呢？"这时候有个官吏就在一边说："用兵器陪葬，那你是打算到阴曹地府再造反喽！"这句话大家一听就明白，办案官吏想方设法，不把这件事定性为谋反案决不罢休。周亚夫也知道自己没有活路，在监狱里绝食五日，呕血而死。一代名将，就以这样的方式结束了自己的生命，令人唏嘘。

这件事的直接导火索是周亚夫儿子办事比较荒唐，深层原因却是刻薄寡恩的汉景帝，对周亚夫心怀疑虑，必欲置周亚夫于死地而后快。皇帝猜忌有能力的将领，在历史上很常见。汉景帝如此驾驭臣下，用这样残酷的手段对待曾经为国家立过大功的名将，对不对？周亚夫说到底还是老实人，没有回敬汉景帝一巴掌。到唐代，唐太宗用同样的手法试探李世勣，就被李世勣回敬了一巴掌，深刻影响了唐代历史。这就说明很多帝王自以为很有心机，试图用诡计驾驭名将、大臣，其实是非常愚蠢的。

李绩的应对

唐太宗在去世前九天贬谪了一个人。这个人说起来也是鼎鼎大名，是评书小说《隋唐演义》中徐茂公的原型，史书上一般称作李世勣，也有因避唐太宗李世民的讳而管他叫李勣的。这是初唐年间非常著名的一位将领，曾为大唐帝国立下赫赫战功，唐太宗为什么要在自己生命的最后时刻贬谪他？唐太宗是在要权术，他对太子，也就是后来的唐高宗李治说："李世勣才智有余，然汝与之无恩，恐不能怀服。我今黜之，若其即行，俟我死，汝于后用为仆射，亲任之；若徘徊顾望，当杀之耳。"唐太宗的意思是："李世勣是个非常有才智的人，但他是老将，你继位以后作为新主，对他没什么恩惠，不一定镇得住他。我现在就贬谪他，如果他能忍受委屈，接受这个命令，说明他还是可以驾驭的，等我死了以后，你再提拔他做宰相，这样你就对他有恩德了，他就服你了。如果他徘徊观望，不愿意忍受这样的委屈，那我死之后你一定驾驭不了他，赶紧把他杀了。"

这个手法和汉景帝对付周亚夫非常相似，用一件莫名其妙的事情去试探大臣的心迹。于是唐太宗让李世勣去做叠州都督，这个地方在今天的甘肃省甘南藏族自治州附近，按唐朝的里程计算法，离首都长安一千三百多里，在当时属于非常边远、条件非常艰苦的地区。李世勣之前没犯什么错误，对于这么一个意外的任命，他什么反应？"不至家而去。"连家都不回，接到任命状直接就上路了，直奔叠州。李世勣为什么是这个反应？是因公忘私吗？为了公务，连和家人道别一下的时间都不愿意浪费？绝不是。他已经洞察到了唐太宗的心机。唐太宗为什么在身体状况极其不佳的状况下突然下这样一道无厘头的命令？一定有非常隐秘的政治意图，很有可能就是在试探自己，所以这个时候，越是荒唐的命令，越是不能违逆，对荒唐的命令毫无违逆之情，才能体现出自己的确没有异心，可以让老皇帝放心。同样是名将，李世勣在政治上的心机比周亚夫深多了。周亚夫很有将略，但性格其实非常朴实，那次宴会上根本没看透汉景帝的心思，还傻乎乎问管事的要筷子，公然表现出自己的不满，不知道汉景帝正是借这样的机会在试探他。

"雄猜"失策

李世勣的反应符合唐太宗的期待。所以唐高宗继位后，遵照太宗遗嘱，把李世勣召回长安，并任命他为宰相。但李世勣真就这样俯首听命，任太宗父子摆布吗？唐太宗小看李世勣了。唐太宗用心机驾驭李世勣，李世勣同样用心机回应太宗父子。

唐高宗继位后数年发生了一件大事，高宗想把原先的皇后废掉，换个皇后，打算换上去的皇后就是历史上鼎鼎大名的武则天。站在儒家政治伦理立场上看，皇后作为皇帝的配偶，母仪天下，有很强的政治功能，一定程度上也是国家形象的代表。所以废后历来是大事，如果皇后没有大过错而遭废，一般都会遭到大臣们的强烈反对。如果新皇后人选的人品、口碑不好，更要遭到大臣们的反对。所以唐高宗打算做的这件事也遭遇了很大阻力，元老大臣们纷纷表示反对。反对声浪之强使得唐高宗都有点丧气了，最后他去问了李世勣的意见。李世勣的回答令后世儒家学者大跌眼镜，他居然对唐高宗说："此陛下家事，何必更问外人！"换老婆是你自己家里的事，问外人干什么？

这句话的意思就是你自己决定就可以了，根本不用顾虑大臣们的看法。这一句话就使得本来已经打算退步的唐高宗再次下定决心换皇后。

李世勣这话讲得对不对？当然不对。首先，皇后作为女性代表，同样是天下表率，无故废立不仅会引起纷争，而且为后世留下恶例。这是政治功能很强的举动，不是普通人家换老婆可以比拟的。皇帝的行为牵涉到方方面面，一定要谨慎，应该比一般人更守规矩，从政治伦理的角度判断，唐高宗的做法当然不对。其次，一位好皇帝，应该有克己复礼、屈己从人的美德。先不管唐高宗这次换皇后理由是否充足，面对元老大臣们的纷纷反对，唐高宗应该退步，因为再聪明的皇帝，个人智慧也有限，国家要靠大臣们共同治理，所以皇帝虚己纳谏的姿态非常重要。这件事充分反映出唐高宗缺乏虚己纳谏的素质，这样的皇帝如果一意孤行惯了，在国家大政的处理上很容易走到极端上去。而李世勣却在培养唐高宗罔顾不同意见、独断专行的行为习惯。不少现代学者认为，唐高宗其实是借换皇后这件事和元老大臣们扳手劲，试图把权力从元老大臣们那儿收回到自己这里。这是现代学者的角度，站在传统儒家政治伦理的角度看，错误的手段不可能得到正确的结果。

唐高宗下定决心要换皇后之后，坚决反对的元老大臣们受到贬谪，甚至死在这件事上。其中有长孙无忌、褚遂良等著名人物，长孙无忌还是唐高宗的亲舅舅。后来的故事大家都知道，武则天不仅成为皇后，还一步步控制朝政，在唐高宗去世后不久一度让李唐江山易姓变色，建立了武周政权。在争夺政权的过程中，武则天运用残酷的政治斗争手段，杀戮了很多唐太宗的子孙。后来很多学者都说，这个祸害就源自李世勣那句为唐高宗换皇后鼓气的话。

类似唐高宗换皇后的事件，在后来的唐代历史上还发生过几起。比如，唐玄宗想废太子，问大臣们意见，太子是国本，怎么可以轻易动摇，很多大臣都反对。当时一位著名奸臣李林甫却悄悄对唐玄宗说："这是你的家事，何必问外人意见呢？"这句话学的就是李世勣。宰相大臣把废立皇后、太子这些关乎国家大政的事件，轻描淡写成皇帝的家事，以规避自身的政治责任，并达到对皇帝阿谀奉承的目的，是非常不好的政治现象。唐玄宗在李林甫的怂恿下，不仅废了原先的太子，而且一日之内连杀自己三个儿子，非常失德。

李林甫学的是李世勣，那李世勣为什么这么做？他不知道这句话有问题吗？史学家们评论说，唐太宗试图用权谋驾驭李世勣，李世勣这个举动就是对权谋的回敬。当初唐太宗用突然的贬黜试探李世勣，李世勣连家都不回，直接上道，但这一路复杂激荡的心情，已经为等待一个报复机会埋下了伏笔。

有一个词叫"雄猜"，指的是一种混合性格，古代很多雄武的君主同时又非常多疑、猜忌，人们把这样的性格称为"雄猜"。汉景帝对周亚夫的猜忌，由于周亚夫的死，使得汉景帝逃避了惩罚。通观《资治通鉴》，这样对待大臣的皇帝可能会受到怎样的惩罚，可以从唐朝历史上得到借鉴。唐太宗试图用权谋驾驭名将大臣，自以为得计，却让后世子孙付出了沉重的代价。《圣经》上有句话："凡动刀者，必死于刀下。"用机巧权谋驾驭臣下的皇帝，也必然受机巧权谋的摆弄。以《资治通鉴》为代表的传统史学，主张皇帝御下，要靠"道"，也就是要自身行得正、做得端，以"诚心"和正直、忠诚的大臣们相互感应，而不是靠权术，再高明的权术也会被更高明的权术挫败。

河政之争：合理分配资源

田蚡劝阻河政

汉武帝雄才大略，是中国古代最重要的帝王之一。但有一件事，却使得他受到历代史学家们激烈批评，那就是他对于黄河治理的态度。黄河被我们称为中华民族的母亲河，是黄河水养育了最早的华夏文明。但同时黄河也是一条难以驯服的巨龙，黄河泛滥问题史不绝书。在中国古代，黄河中下游的民众经常因为河水泛滥而无家可归。黄河泛滥在中国古代与基本民生问题密切相关，《资治通鉴》作为一部教育皇帝的史书，对这一问题有何独到的看法？

如何治理黄河，在中国古代一直都是巨大难题，几乎每一个王朝都曾因此一筹莫展，很多时候甚至要让黄河不停改道，才能勉强解决问题。如果大家熟悉中国地图，头脑当中应该不难反映出黄河的走势。黄河就像一个巨大的"几"字形，嵌挂在中国版图上。黄河源头在今天的青海省境内，随着地势高低，一路流经四川、甘肃、宁夏，由西南向东北方向进入内蒙古自治区，这一段形成"几"字形的左边一撇。然后由内蒙古自治区鄂尔多斯地区一路向东，经过包头、呼和浩特等市，就是"几"字上面这一横。接着再蜿蜒往下，由北向南，几乎和今天陕西、山西两省交界线重叠。"几"字右边是一笔竖弯钩，陕西、山西交界这段就好比这一竖。那弯钩在哪儿呢，弯钩从陕西、山西交界末端由西往东，进入河南。今天的黄河末段是从河南再往东进入山东地区，最后在东营市注入渤海，当地还有个镇，就叫黄河口镇。

　　这是今天的黄河。但汉武帝时代的黄河并不是这样的，尤其是下游地区，也就是"几"字形的竖弯钩这个地方。汉武帝时代的黄河，是在今天天津附近注入渤海。不熟悉历史的朋友可能想象不到吧！黄河从天津入海意味着什么？天津在东营更北边，汉武帝时代黄河从天津入海，也就意味着"几"字的最后一笔是向上甩的，那也就意味着竖弯钩这一笔转弯的地方，是一个更窄的锐角。这个呈锐角形的湾口，就在今天河南濮阳一带，这里有一个非常重要的关口，被称为"瓠子口"。"瓠"就是瓢的意思，形容它的弯曲。黄河这一竖笔的地方，由北向南，从高原地区流向平原地区，夹杂着大量泥沙，水势很峻、很急。汉武帝时代的瓠子口既然是一个锐角，那么汹涌的水流就更容易在这个地方决口。

元光三年，即公元前 132 年，这是汉武帝即位改元之后的第九年，是汉武帝统治时代的早期。这一年，黄河在瓠子口一带决堤，河水向东南方向倾注，一直抵达淮河流域，造成巨大水患，使得十六个郡遭受水灾困扰。黄河南岸农田被淹没，百姓流离失所，失去生计。汉武帝征调了十几万人堵塞决口，但效果很不好，不久以后河堤便再次发生决裂。当时的丞相是汉武帝的舅舅田蚡，田蚡对汉武帝说："江、河之决皆天事，未易以人力强塞，塞之未必应天。"田蚡说长江、黄河决堤，都是天意，用人力强行堵塞，未必符合天意。既然是天意，那就听之任之吧。很多号称精通天象的江湖术士，也顺着田蚡的意思，说田蚡的意见很正确，既然是老天让黄河决堤了，天意不可违逆。于是汉武帝就放弃了黄河治理，不再派人阻塞决口。

上天可欺，民心不可欺。这次河患牵涉到十六个郡，受灾民众近百万，政府不治河，那么灾民们的生活怎么办呢？对于难以解决的问题，假借天意之名，听之任之，在今天的人们看来很荒唐。问题是当时的丞相田蚡，怎么会想出来这么一说呢？对于这个问题，生活在那个时代的史学家司马迁有一个解释。司马迁说，田蚡的食邑在黄河北岸的鄃县。所谓食邑，就是说这块土地上的农业收入就归他了。黄河北岸的鄃县既然是田蚡的食邑，也就意味着这个县里的农业收成是田蚡的收入。既然黄河决堤之后是向南泛滥，像鄃县这样的北岸地区就不用担心有水患，所以北岸的庄稼不仅没有受到影响，反而因为黄河南泻而使得收成有了保障。如果强行塞河，说不定南岸塞住了，北岸又决裂了，这样就可能把田蚡的食邑鄃县给淹没了。所以田蚡出于一己之私，劝阻汉武帝阻塞黄河决口。

如果真是这样，那么田蚡的用心相当险恶。后来很多史学家都沿袭了司马迁这个说法，觉得除了为保障自己领地不受破坏，田蚡的言行没有其他更合理的解释。所以司马光编《资治通鉴》时，在元光三年中只记载了两件事，两件事都和田蚡的奸诈无耻有关，其中一件就是劝阻汉武帝塞河。

汉武帝的过错

故事讲到这里，可能很多人会觉得这次阻挠黄河治理的罪魁祸首是田蚡，但后来的史学家为什么把批评的重点放在汉武帝身上呢？别着急，故事只讲了一半。如果说田蚡在世的时候，黄河治理的阻力主要来自田蚡，那么田蚡去世以后呢？这次黄河大泛滥之后两年，田蚡就去世了。如果黄河得不到治理，仅仅是因为田蚡的话，那两年之后汉武帝应该治理黄河了。事实上却并不是这样。这次黄河大泛滥，前前后后一共持续了二十三年！从公元前132年开始，直到公元前109年，汉武帝才开始正视这个问题，这时候田蚡都已经死了二十多年了。所以说，如果仅从田蚡身上找黄河得不到治理的原因，结论会很片面。

黄河泛滥，十六个郡受灾，老百姓的生产、生活遭到严重破坏，面对这样的情景，汉武帝为什么二十三年不理不睬？熟悉历史的朋友都知道，汉武帝时代同时发生了另一件大事，那就是和匈奴的战争。汉武帝从元光二年，即公元前133年，也是黄河大泛滥前一年，开始筹划对匈奴作战，自公元前129年起，双方正式爆发战争，此后汉武帝在位期间，这场战争前后持续了四十四年。旷日持久的战争需要大量人力、物力，而治理黄河无疑也需要大量人力、物力。为了将力量集中于和匈奴作战，黄河治理被放在了次要的位置，灾区百姓因此成了牺牲品。

黄河从公元前132年开始泛滥，到公元前110年，汉武帝才开始重视这个问题。因为到这一年为止，对匈奴的战争告一段落，汉帝国在第一阶段的对匈战争中取得了辉煌成就，使得长期侵扰边境的匈奴势力远遁漠北，而且打通了河西走廊，控制了西域地区。有了这样的成绩，于是汉武帝上泰山举行封禅大礼。这是中国古代帝王最隆重的礼节，通过在泰山顶上祭祀上天，向上天宣告，这位帝王已经把国家治理成太平盛世了。

封禅大礼完成后，汉武帝从泰山回长安的途中，路过黄河决口的瓠子口地段。这是黄河闹灾二十三间，汉武帝第一次目睹灾区的惨状，而且就在他上泰山炫耀过丰功伟绩之后不久，恰似一个天大的反讽。作为一国政治领袖，作为一心想树立千秋功业的皇帝，他的内心该有些什么想法？这时候的汉武帝不得不正视受灾二十三年的地区和人民，因此在这个地方停留了两天，通过往河里沉白马、玉璧等手段，对黄河进行祭祀，再次征调数万民夫，重启已经中断了二十余年的塞河运动，并命令随行队伍中将军以下官员，都必须背着装有泥土和薪条的土筐去堵塞河堤决口。而在这负薪塞河的官员队伍中，就有一代史宗、《史记》的作者司马迁的身影。司马迁因为也在伴随汉武帝回长安的官员队伍中，所以也参与了这次皇帝亲自指挥的塞河运动。《史记》中有一篇《河渠书》专谈水利与河患治理，正和司马迁这次目睹灾区惨状，并参与塞河的亲身经历有关。

　　汉武帝亲自来到黄河边，看到灾情之后作了两首《瓠子之诗》。《瓠子之诗》是以这样的句子开头的："瓠子决兮将奈何？浩浩盱盱兮闾殚为河！"翻译成白话文是这样的：瓠子口决堤了，该如何是好，泛滥的河水如此浩瀚，将所有的村庄都淹没。汉武帝这两句是白描他所目睹的灾情，那么谁该为这样的场面负责呢？汉武帝接下去写了两句："为我谓河伯兮何不仁，泛滥不止兮愁吾人！"汉武帝的意思是："我带一句话给河伯（古人想象中主管黄河的神灵），你啊太不仁德了，为什么无休无止地让黄河泛滥，让我的百姓们不能安居乐业！"大家注意这两句，在汉武帝的诗句里，造成老百姓流离失所、生计无依的主要责任人是谁？是河伯，是神灵。

最初的黄河泛滥，的确是重大自然灾害，不是人力所能左右的。问题是二十三年不作为，任凭黄河肆虐，百姓不得安生，这都是自然力的问题吗？汉武帝不应该在这件事上负重大责任吗？所以人们认为，汉武帝作《瓠子之诗》，诿过于河伯、神灵，是一种推卸责任的方法。后来的史学家都看得很明白，黄河为患二十三年得不到治理，关键原因在于当时全国大部分资源都用在了对匈奴作战上。当然不能说对匈奴作战是错误的，匈奴长期侵扰边境，不仅对边地人民，也对国家安全造成重大威胁。汉朝中央政府对匈奴的战略，经历了防御、出击、追击等几个阶段，其中有顾及国家安全的合理性。所以对匈奴作战，属于"国计"范畴。而黄河治理，牵涉到百万生民的基本生活保障，属于"民生"范畴。这里就可以引出一个主题：如何协调国计和民生之间的关系。我们通常将"国计民生"连在一起说，有很多事情既是国计，也是民生，两者可以得到统一，比如今天搞经济建设，当然是既反映国计，也体现民生。但也会碰到国计和民生相冲突的情况，汉武帝在打击匈奴和治理黄河问题上顾此失彼，就体现出这种冲突。

如何协调国计与民生

当国计和民生无法兼顾的时候，如何协调两者关系，就成为历代政治家必须认真思考的问题。在《资治通鉴》中，由于处理不好两者关系而导致天下大乱的例子比比皆是。那么司马光对这类问题有何基本主张？汉武帝时代，国计和民生的冲突，主要体现在处理对外关系和对内关系的矛盾上，对匈奴的战争是对外关系，治理黄河是对内关系。内外之间的矛盾，也是历史上国计与民生相冲突的主要表现形式。对于这个问题，司马光有一个基本主张："必先内而后外，安近以服远。"主要应该优先处理对内关系。汉武帝这种情况，如果换成司马光来处理，必定优先考虑治理黄河。因为百姓是国家的根本，如果百姓失去生活保障，必然导致社会动荡乃至政权崩溃。政权都崩溃了，再多的骄人战绩又有何用呢？

在《资治通鉴》中，以黄河治理为主题来寻找相关内容，除了汉武帝时代外，还可以找到其他很多体现司马光这一思想的内容。比如从西汉末年到东汉初年，黄河又经历了一次大泛滥，而没有得到很好的治理。这次时间持续得更长，从西汉时代的汉平帝时期一直延续到东汉的第二位皇帝汉明帝时期，中间跨越将近七十年。七十年，大家想象一下，如果一个小孩正好是在黄河泛滥那年出生在灾区，七十岁左右去世了，那这人一辈子就没见黄河好过，终生就在河患中度过。恐怕当时很多人的人生就是这样的，古时候很多人根本活不到七十岁，在河患中出生，在河患中死去，这是多么黯淡、多么可怕的人生。

这七十年当中，很长一段时间处于国内战争状态。西汉末年王莽篡权，各地纷纷起义反对他，然后有了光武帝刘秀建立的东汉政权。这样一种状态下，黄河得不到治理也在情理之内，所以司马光在《资治通鉴》中也没有着重批评谁。但到东汉明帝时代，天下已经太平，而且经过了二三十年的休养生息，汉明帝却依然不以治理黄河为急务，把人力、物力投入到相对可以缓一步的对外关系中，遭到了司马光的严厉批评。

汉明帝永平十二年，即公元 69 年，司马光重点记述了两件事情。第一件事，当时西南有个少数民族被称为哀牢夷，这个民族的领袖率领族人归顺东汉王朝，于是汉明帝在哀牢夷生活的地区设置了郡县。为了便于沟通，汉明帝调发大量民夫凿山开道，改善这块地区的交通。民夫们远渡澜沧江（也就是湄公河的上游地区）进行劳作。在这批背井离乡的民夫中，开始流行这样一则歌谣："汉德广，开不宾；度兰仓，为他人。"大汉帝国德泽广被，周边民族纷纷朝贡纳降。劳动自己的子民，远度重岭，跋山涉水，却是为了他人（指少数民族人口）。

这是《资治通鉴》在这一年交代的第一件事情，紧接着这件事，司马光就叙述了为害数十年而没有得到治理的黄河问题。司马光站在灾区百姓的角度，对中央政府对黄河灾害的不作为，提出了八个字的尖锐批评："恒兴他役，不先民急。"你说政府闲着吗？也没闲着，总是看到它有忙不完的事情，却从来没有把与百姓利益最关切的事情放在第一位。这是这八个字表达的涵义。司马光为什么要紧挨着渡澜沧江事件之后，叙述黄河治理的问题？汉明帝接受哀牢夷归降，派遣大量民夫远渡澜沧江凿山开道，却不整治黄河，就是"恒兴他役，不先民急"的具体例证。

通过这样的叙述，司马光告诉统治者，老百姓的愁怨必须正视。如果没有能力既接受哀牢夷的归降，又去治理黄河，那么必须在两者之间有所衡量，哪个更重要先做哪个。汉明帝的决断，是先渡澜沧江，接管哀牢夷。司马光却借用老百姓的歌谣揭示出，汉明帝的这个决断是错误的。黄河治理牵涉到民生根本，作为一名负责任、立足长远的皇帝来说，应该先重视和民生密切相关的问题，让老百姓踏踏实实地过日子，而不是满足于对外炫耀国力和武功。

如何取舍

汉明帝接受哀牢夷，相对于汉武帝的雄张拓略而言，无疑是小打小闹。所以面对汉武帝时代国计与民生之间的冲突该如何取决，历来的评论者也是意见不一。清代有一位叫赵翼的学者，曾经这样评论汉武帝的历史影响："统计武帝所辟疆土，视

高、惠、文、景时几至一倍，西域之通尚无与中国重轻，其余
所增地，永为中国四至，千万年皆食其利。"赵翼的评论揭示
了一个事实，后代中国的领土中，有很大一部分是由汉武帝开
拓奠定的。通过汉武帝和那个时代英雄们的努力，不仅解决了
匈奴造成的边患问题，维护了国家安全，而且为进一步打造一
个世界级强国奠定了雄厚的基础。这是后代万世之利。奇怪的
是，对于这样一位帝王，学者留下的文字中总是贬抑多，褒扬
少。生活在那个时代的司马迁，和《资治通鉴》的作者司马光
都对汉武帝持否定态度，就连最维护汉武帝的《汉书》作者班
固，在总结汉武帝一生成绩的时候，也不突出他的开拓之功，
这是为什么？

先来看班固是如何评价汉武帝的："孝武初立，卓然罢黜
百家，表章六经。遂畴咨海内，举其俊茂，与之立功。兴太
学，修郊祀，改正朔，定历数，协音律，作诗乐，建封禅，礼
百神，绍周后，号令文章，焕焉可述。后嗣得遵洪业，而有三
代之风。"大家注意班固的评价，谈到汉武帝尊崇儒学、兴办
教育、选拔人才、制礼作乐，全都是文化建设方面的内容，没
有一件和开疆拓土有关。但稍有历史知识的人都知道，汉武帝
一生都在用兵，最重要的功绩就在开疆拓土，所以才会被谥作
"武帝"。班固的评论却避实就虚，大谈文化而不及武功，这是
为什么？

对于班固的这条反常评论，赵翼也有一个理解，赵翼说汉武帝"穷兵黩武，敝中国以事四夷，当时实为天下大害"。"穷兵黩武"是后世学者评价汉武帝时用得最多的词。对外战争不仅耗费大量民力、物力，还使得泛滥的黄河肆虐二十三年而得不到治理，站在民生立场批评汉武帝"穷兵黩武"，置百姓基本生活保障于不顾，并不为过。

我们要把汉武帝时代看全面，这个时代为后世中华民族留下了雄厚的家底，是事实，这是成功的国计。但对于生活在那个时代的普通百姓来说，生活很艰难，也是事实，这是失败的民生。从学者们站在民生立场上对汉武帝的激烈批评可以看出来，汉武帝并没有协调好"国计"与"民生"之间的矛盾。对于侵略者应该全力反击，国家安全应该高度重视，但如果汉武帝能把这方面的工作控制在适度范围内，没有穷兵黩武，同时改善民生，那么历史对于汉武帝的评价应该会更高。

张弛之道：及时调整战略

内政的不足

汉武帝是一代雄主，在他的努力下，汉朝的触角在东南西北各个方向上都有延伸。东到朝鲜半岛，南至海南岛，西达天山南麓，北抵今天的蒙古。这为后世中国奠定领土范围作出了巨大历史贡献，在开拓疆土的同时也促进了民族融合，为中华民族的形成奠定了基础。从这个角度讲，汉武帝可以算是中国古代最具有影响力的帝王之一。但一个国家除了开疆拓土和对外竞争外，还有内政与民生同样重要。在内政建设和民生保障领域，汉武帝交的答卷一向不为历代评论者所赞允。除了我们上一讲提到的，黄河闹灾二十三年没得到治理之外，又比如在汉武帝后期，关东地区出现多达两百万的流民，也是内政建设失败的重要例证。汉武帝时代的人口总数，不会超过五千万，关东地区居然有两百万流民，这意味着至少二十五个人中就有一个在流浪。

仔细观察汉武帝时代，我们会发现，其实这个时代强国形象的成功和内政的失败，两者是相互关联的。汉武帝四面开拓，树立强国形象，其中的核心是对匈奴作战，将匈奴单于赶到大漠以北，并打通河西走廊，控制西域，斩断匈奴右臂。当时很多国家政策都是围绕着这一战略目标展开的，几乎大半人力、财力也都花费在这件事上。从政策层面说，汉武帝实施国家管控经济，把盐、铁等涉及民生基本问题的物品的生产、经营权收归国有，到后来甚至连酒都由国家专卖。当然从经济的角度讲效果很不好，国内经济因此呈现出萧条现象。再从人力、武力的使用上讲，比如汉武帝分别于太初元年（公元前104年）和太初三年（公元前102年）两度讨伐远在今天乌兹别克斯坦和土库曼斯坦境内的大宛国，为的是抢夺汗血宝马，因为优质的战马是和匈奴作战的重要战略资源。汉朝为这两场战争付出了数万人性命以及不可计量的物质财富的代价，最终夺得良马三千匹，但最终送到长安的汗血宝马只有三十匹。代价极其昂贵，成效极其有限。而与此同时，国内百姓生活是怎样一个状况呢？"是岁太初元年也。而关东蝗大起，蜚西至敦煌。"就在汉武帝讨伐大宛的同时，关东地区大面积遭受蝗灾，并且往西蔓延至敦煌。在以农立国的古代中国，蝗灾是农业生产最可怕的天灾之一，蝗虫遍野也就意味着这一年的农业收成非常不好。在这样的情况下，汉武帝不是集中人力救灾，反而调动数十万人力、不下数十万头的牛马驴等牲畜，千里行军，发动大规模战争，当然会使得已经万分艰难的民生雪上加霜。

对汉武帝时代作个简单的总结，从致力于国家强大的角度讲，通过汉武帝时代的努力，中国确立了在当时世界上的地位，并为以后的发展留下了丰厚的家底。若站在平民百姓的立场上看，这个时代看上去很热闹，但老百姓不仅没有得到实惠，反而为强大的国际形象付出了沉重的代价。所以整体来讲，汉武帝治国，既有骄人的成绩，也有明显的不足。

汉武帝的反省

对于忽视民生的缺陷，汉武帝晚年进行了深刻的自我反省。征和四年（公元前 89 年），汉武帝下了一道非常著名的罪己诏。所谓罪己诏，就是在国家治理情况不理想，或者有严重天灾人祸的时候，皇帝自我检讨，向上天和臣民承认自己的错误。这道诏书的一个重要主题，就是汉武帝已经认识到长期的对外战争给国计民生造成巨大困难，所以之前积极拓张的国策要告一段落，转而注重国计民生，把国家政策的重点放到发展农业生活、降低税收、减轻老百姓徭役负担上来。这就是著名的"轮台罪己诏"，也是中国历史上第一道的皇帝罪己诏书。汉武帝这种勇于自我否定和深刻反省的精神，应该赢得后人的尊重。从这以后，在国家面临巨大困境的时候，皇帝下罪己诏检讨自己，成为中国政治史上的一个重要传统。

　　在下完这道罪己诏之后两年，汉武帝去世了。去世前，汉武帝作出了一个重要政治安排，这个安排使得汉帝国的走向发生了改变。这是一个怎样的政治安排，以致一定程度上改变了汉代历史的轨迹？我们得从汉武帝临终托孤说起。由于发生在汉武帝晚年的宫廷政变，使得汉武帝原先指定的太子兵败身亡。无奈之下，汉武帝选择了年仅八岁的幼子刘弗陵作为皇位继承人，就是后来的汉昭帝。八岁的孩子在心智和行动能力上都不够成熟，当然要选择辅佐大臣来帮他打理政务。汉武帝选择了四位辅佐大臣：霍光、金日磾、上官桀和桑弘羊。汉武帝虽然在罪己诏里对穷兵黩武有所反省，但从临终托孤的人事安排上可以看出，汉武帝并不认为可以放松战备。四个人中，金日磾和上官桀都是靠养马获得汉武帝信任的。由于长年和匈奴激战，马政成为至关重要的战略工程，金日磾和上官桀双双出现在辅政大臣的名单里，说明汉武帝认为在他身后，马政和相应的战略准备仍然是中央政治的重点之一。另一位辅政大臣桑弘羊是协助汉武帝改革财政最重要的人物。当初进行财政改革，搞国营专卖，也是为了把财力集中在一起供应战争需要。所以从安排这三个人辅政来看，汉武帝虽然进行战略收缩，不再强调主动、全面地出击，但仍然认为边境问题与国家安全是头等大事，至少要做好积极防御。

四位辅政大臣分析了三个，还剩一个霍光。霍光位居四位辅政大臣之首，而且也正是这个霍光，对汉武帝的政策有守有变，成为改变汉代历史轨迹的关键人物。

霍光的贡献

我们先来了解一下霍光这个人。霍光是名将霍去病同父异母的弟弟，和哥哥霍去病张扬外放的性格不同，霍光最大的性格特点就是小心谨慎。史书上说霍光在汉武帝身边二十余年没犯过错误，谨慎到每次去见汉武帝，两个脚站的地方都是一样的，丝毫不差。为人忠谨大概是汉武帝选择霍光最重要的理由。

年幼的汉昭帝即位后，实际的行政权掌握在霍光手里。对于今后施政的重点在哪里，有一位名叫杜延年的官员曾这样对霍光说："年岁比不登，流民未尽还，宜修孝文时政，示以俭约、宽和，顺天心，说民意，年岁宜应。"杜延年的这番话重点落在发展农业生产上，所谓"年岁"就是指农业收成。杜延年认为，由于汉武帝过于扩张的国家政策，使得往年农业生产受到极大影响，甚至导致很多百姓不能安居乐业而离乡流浪，接下来的重点就是要让这些百姓回到土地上去，安心于农业耕作，回到当年汉文帝"休养生息"的政策路线上去。

霍光非常认可杜延年的意见，在他实际行政中，也的确是这么做的。比如，在汉昭帝即位改元以后第二年的春天，到该播种的季节了，霍光就派遣使者到全国各地巡视，主要任务是两项：第一，各地是否有饥民，如果缺乏食品和基本生活保障的饥民，朝廷直接贷给他们粮食，让他们生活有所着落；第二，更为重要的是，春耕期间，百姓是否有播种的种子，如果没有，也由官府借贷给他们，让百姓先播种。这件事做完以后，等到秋天，该收获的季节了，霍光又下令，说往年灾害多，收成都不好，今年的气候和自然条件也不算尽善尽美，百姓的收入有限，所以春天借贷给百姓的粮食和种子，就不要他们还了，今年的农业税也全都免了。大家看，本来官府和百姓之间是借贷关系，官府先把粮食和种子借贷给农民，农民在基本生产、生活有所保障后，开始新一年的耕作，等到秋天收获的时候，把借官府的粮食和种子都还了，再缴纳该交的农业税，这本来也是顺理成章的事情。但最终霍光不仅把农民欠官府的债给免了，还顺便把一年的税收也给免了，对百姓来说当然是莫大的德政。不仅宽解了汉武帝以来百姓沉重的生计负担，把他们从生活的窘境中解脱出来，也起到了凝聚人心、加强统治基础的功效。在新一轮"休养生息"思想指导下，百姓重新安居乐业，汉帝国的元气逐渐开始复苏，霍光的执政理念与执政效果都值得称赞。《资治通鉴》在此前的很多卷里并没有提及政府鼓励农业的主题，至此才有一个转变。

除了重视发展农业外，霍光对汉武帝时代的另一个纠正，是展开"国有"经济的大辩论。汉武帝为筹集攻打匈奴的经费，把盐、铁、酒等产品的生产经营权收归国有，不仅把民间经济统死了，而且官营盐铁因为缺乏竞争，质量都很差。汉昭帝始元六年（公元前81年），按当时的制度，各地方都向朝廷举荐人才，这些人要么行为端正，受到乡里认可，要么饱读诗书，非常有学问，所以被统称为"贤良文学之士"。这些人来了之后，朝廷就问他们，眼下关系民生疾苦最重要的问题是什么。几乎所有人都回答说，对老百姓来说最不方便的就是盐铁酒等商品的国家专卖制度。这些读书人说，官府不应该与民争利，希望取消专卖政策，买卖还是交给民间来做。

这个建议遭到另一位辅政大臣桑弘羊的反对。桑弘羊说："此国家大业，所以制四夷，安边足用之本，不可废也。"桑弘羊说这话，还是站在维护汉武帝时代政策的立场上，认为国家专业筹集经费，是为了征服四夷、巩固国防的基本国策，不可动摇。在霍光的支持下，贤良文学之士和桑弘羊展开了激烈的辩论，到底怎样的经济政策更有利于国家的长远发展。双方各持己见，反复辩难，持续了很长时间，从春天二月开始讨论这个问题，直到秋天七月，朝廷才最后有所决断。

从辩论的效果来看，贤良文学之士把道理讲得更透彻。国家专卖利在一时，把民间经济活力都榨干了，难以持续发展。而这些贤良文学之士敢于和身为辅政大臣的桑弘羊辩论，背后应该有霍光的大力支持。辩论告一段落后，霍光代表中央政府作出裁决，最终制定了一个比较折中的方案，取消酒的专卖，而保留盐和铁的专卖。从表面上看，霍光避重就轻，在更为重要的盐铁问题上没有做出改变，而是调整了相对次要的酒的专卖政策。事实上，由于汉武帝强大的影响力，霍光不可能彻底否定汉武帝的政策，所以取消酒的专卖，也是跨出艰难的一步，非常不容易，这给了民间经济一个良好的信号。

正是由于霍光重视农业生产、调整商业政策，使得汉帝国的经济开始复苏，内政建设逐渐走向良好状态，国家、社会由汉武帝时代的骚动走向安定。因此《资治通鉴》对霍光的执政成绩作出了这样的评价："武帝之末，海内虚耗，户口减半。霍光知时务之要，轻徭薄赋，与民休息。至是匈奴和亲，百姓充实，稍复文、景之业焉。"这段文字首先对汉武帝晚期的国内状况作出了负面描写，说当时为了应付战争，经济凋敝，人口锐减。霍光执政之后，能够看到其中的问题，并且知道要纠正这些问题该从哪儿入手，施行了减轻租税，让老百姓休养生息的政策，使得老百姓衣食很充足，初步回归到文景之治的时代。

大家注意，这段评论中还有"匈奴和亲"四个字，意味着一直紧张的汉匈关系得到了缓和。这是不是也算霍光的功劳呢？

汉武帝的遗产

霍光在发展经济、缓和民生上作出了巨大贡献，与匈奴关系趋于缓和，却不是霍光的功劳，这就需要正确认识汉武帝留给后人的遗产。匈奴为什么放弃骚扰、挑衅的姿态，主动要求与汉朝和亲？我们先来看一个发生在匈奴内部的故事。汉昭帝时代的匈奴最高领袖叫狐鹿孤单于，单于有个同父异母的弟弟，被封为左大都尉。左大都尉为人十分贤德，很得人心。单于妻子（古称阏氏）看到这位小叔子这么得人心之后，心里有点顾虑。她顾虑什么呢？担心单于百年之后会传位给这位弟弟，而不是传位给他们的儿子。于是阏氏自作主张，派人刺杀了这位小叔子。这件事当然引起很多贵族的不满，尤其是单于其他的兄弟，极其愤恨于阏氏的阴残。

阏氏刺杀了单于继承人的热门人选，最终目的是想让自己儿子继位。那她是否得逞了呢？阏氏错算了一招，虽然她杀了单于一个弟弟，但单于不止这一个弟弟。单于在病重的时候召见部族里的贵族，认为儿子年龄太小，不适合继位，为有利于部族长远发展，单于决定立另一位弟弟右谷蠡王为继承人。如果单于这个意愿得以实现的话，阏氏之前忙活的算是竹篮打水一场空了。为了不让自己的愿望落空，阏氏肯定还要再寻找机会。

　　单于可以在病榻前召见族人，但他临终的时候，身边最重要的人还是妻子。阏氏利用这一便利，在单于去世之后密不发丧，先和部分愿意和她沆瀣一气的官僚贵族串通好了，然后再对外宣布，说单于最终改主意了，还是要立自己的儿子为继承人。这是"矫诏篡位"啊，当然会在匈奴贵族内部引起轩然大波。匈奴很多重要贵族对此表示不服，其中当然包括老单于的弟弟。其中甚至有几位高级贵族意欲南奔投降汉朝，事虽不成，但说明匈奴内部分化得很厉害。这些不服阏氏做法的贵族们，从此以后也就不再去龙城（单于王庭所在）朝见单于了。这次匈奴贵族的严重分裂，是匈奴衰弱的重要标志。

　　说了半天，这和汉武帝又有什么关系呢？有大关系。《资治通鉴》在讲述这个故事之前，有这样一段话："初，武帝征伐匈奴，深入穷追，二十余年，匈奴马畜孕重堕殰，罢（古同'疲'）极，苦之，常有欲和亲意，未能得。"汉武帝讨伐匈奴，穷追猛打二十余年，打击力度非常大，匈奴人赶着牛马羊群，躲避汉军追击，疲于奔命，致使牛马牲畜无法怀孕繁衍，很多已经怀孕的牲畜在逃亡过程中就流产了。匈奴是游牧民族，畜牧业是他们在经济上的支柱产业，一旦畜牧业无法得到良好发展，整个民族当然会陷入巨大困境。因此匈奴人也很想和汉朝停止战争，以和亲为基础维持和平关系。但在汉武帝时代，未能找到洽谈和亲的合适机会。

这段总结和上面所讲匈奴分裂的故事合起来看，可以分析出两层意思。第一，匈奴分裂看上去是由争夺单于继承人引起的，属于他们贵族内部矛盾。事实上，单于继承人问题只是一个诱因，或说是直接导火索，匈奴内部矛盾在汉武帝对他们实施的外部打击下，由来已久。为什么？一个失败团队内部更容易出现各类问题以及不团结因素，这是大家平时在日常生活中经常能看到的现象。匈奴强大的时候，时常侵略、抢劫汉朝边境，那时候他们不会分裂，因为只有团结一致对付汉朝，他们才可能获得更大的利益。在汉武帝的反击下，匈奴势力日暮途穷，不仅无法从汉朝抢夺财富，连自身看家的畜牧业也无法得到良好发展，内部财富严重匮乏却又生财无道的情况下，匈奴贵族之间为争夺财富、争夺资源而爆发的矛盾才会更加凸显出来，并导致严重后果。所以这次匈奴贵族的大分裂，看上去是由内部矛盾引起的，事实上和汉武帝对他们的长年打击有极大关系。

第二，当汉朝制服不了匈奴的时候，即便双方维持和亲关系，也不能确保和平，匈奴仍然有可能骚扰边境，杀掠吏民，汉武帝之前的历史已经证明了这点。在汉武帝打击之下，匈奴面临巨大困境，这时候他们主动想和亲，此时的和亲意味就不同，就有可能成为和平的保障。而在经历一次严重的内部分裂而衰弱之后，匈奴贵族更没有能力和汉朝对抗，所以以和亲为基础促进和平的可能性更是大大提高。这种双边关系在汉武帝时代未能实现，在霍光辅政以后，得以实现了，这就是上一节谈到霍光政绩时，"匈奴和亲"这四个字的来源。双方的和亲关系虽然是在霍光辅政时期实现的，但是追溯历史渊源，应该说和平的实现是汉武帝留给后人的历史遗产。如果不是汉武帝制服了匈奴，不可能有这样的和平。

历史环境与历史目的

如果匈奴的大分裂仍不足以说明汉武帝的武功为后世留下丰厚的遗产，我们还可以换一个更为直接的角度来讨论这个问题。霍光辅政时期，在汉匈正式重新缔结和亲关系之前，《资治通鉴》也记载过双方几次冲突，从这几次冲突的结果中，可以看到汉武帝时代留下的福利。元凤元年（公元前80年），匈奴调集两万骑兵侵犯汉朝边境，但在汉军的打击下，匈奴军队中被斩首、俘获的总计九千余人，人员损失将近一半。汉朝军队却没有什么损失。这使得匈奴贵族很意外，第二年他们重新调集九千骑兵到边境，不过这次主要是为了防御，而不是进攻。在调集军队防御的同时，他们在北面的河流余吾水上架起了桥梁，准备在汉军打过来的时候随时逃跑！

也正是从这时候起，匈奴贵族开始向汉朝传递橄榄枝。匈奴贵族很想和亲，但怕被汉朝拒绝，很没面子，所以也不肯先开口。但他们通过两种方式，表达了自己的意愿，一是厚待汉朝使者，同时也适当地向使者含蓄表达不想继续对抗的意愿；二是减少了对边境地区的侵犯。汉朝当然也读懂了这些信号，开始逐步考虑以缓和的方式处理双边关系。

但这件事进展并非一帆风顺。因为匈奴的经济结构比较单一，通过抢掠汉朝边境来增长财富，成为他们的一种传统，一旦认为有机可乘，并不愿意彻底放弃侵扰汉朝边境。在第三年的时候，匈奴贵族认为汉朝在西北边境的酒泉、张掖地区兵力减弱，可以尝试性地攻击一下。于是匈奴贵族调集四千骑兵，对汉朝的张掖郡（今甘肃省张掖市）发动进攻，结果又被早有准备的汉军击败，从此再也不敢侵入张掖地区。到这一阶段为止，史书对于汉匈关系有这样一个总结："是时汉边郡烽火候望精明，匈奴为边寇者少利，希复犯塞。"由于汉朝边境防御工作非常出色，匈奴侵扰很少能够得利，慢慢也就不怎么来侵犯了。

这是霍光辅政时期汉匈关系的基本情况，从中我们可以明显看出汉武帝时代的军事实力、边境防御体系给后人留下的福利。霍光辅政时期之所以能在对匈奴问题上取得主动权，完全是因为汉武帝时代打下的基础。而对匈奴关系中的战略优势，使得国家没有被侵扰的后顾之忧，也是霍光能够专注于内政建设的必要保障条件。如果把这个问题看清楚了，我们就能客观看待汉武帝和霍光各自的历史贡献。

汉武帝长年累月的对外战争造成民生凋敝，霍光对汉武帝的纠正是非常有必要的，否则老百姓的生活得不到安定，汉朝继续发展的潜力就不复存在。但也不能因此完全抹杀汉武帝的历史贡献，面对匈奴长期的侵边困扰，如果没有汉武帝的奋起一击，国家安全得不到基本保障，那老百姓的生活仍然得不到保证。所以汉武帝在当时的历史环境中，为保障国家安全作出了贡献，这一点不能抹杀。其间汉武帝没能完全把握好节奏，没能协调好内外关系，甚至有罔顾民生的倾向，这也需要批判。霍光在汉武帝之后，将国家政策的重心调整为恢复民生，这是他的历史贡献。但我们也应该看到，霍光之所以能顺利地推进国内建设，是因为汉武帝已经帮他基本解决了外患问题。可以说，汉武帝和霍光是在各自的历史环境下作出了相应的历史贡献。没有汉武帝的雄张开拓，汉朝国势可能在匈奴压迫下不振，民生缺乏后继发展的良好环境；没有霍光的及时调整，汉朝继续沿着汉武帝紧缩民生、全力拓张的道路走下去，内部社会就会走向崩溃，汉朝的统治也终将无以为继。所以两者之间不能相互否定，不能因为霍光的恢复民生的成绩而否定汉武帝时代的政策，也不能因为汉武帝的雄张而否定霍光将战线收缩的决策。

孔子说文武之道一张一弛，治国就像拉弓，既要有绷张得开的时候，也要有松弛得下的时候。永远绷着，弓会被扯断；永远松弛着，弓就失去了为弓的意义。治国也是如此，需要张弛交换的道理。汉武帝和霍光不同的治国策略，就是一张一弛的关系，前后的策略和时代都不能相互否定，以我个人学习历史的体会来看，这正是合理看待历史、学习历史的关键所在。